W0075220

UTB 3405

Eine Arbeitsgemeinschaft der Verlage

Böhlau Verlag · Köln · Weimar · Wien
Verlag Barbara Budrich · Opladen · Farmington Hills
facultas.wuv · Wien
Wilhelm Fink · München
A. Francke Verlag · Tübingen und Basel
Haupt Verlag · Bern · Stuttgart · Wien
Julius Klinkhardt Verlagsbuchhandlung · Bad Heilbrunn
Lucius & Lucius Verlagsgesellschaft · Stuttgart
Mohr Siebeck · Tübingen
Orell Füssli Verlag · Zürich
Ernst Reinhardt Verlag · München · Basel
Ferdinand Schöningh · Paderborn · München · Wien · Zürich
Eugen Ulmer Verlag · Stuttgart
UVK Verlagsgesellschaft · Konstanz
Vandenhoeck & Ruprecht · Göttingen
vdf Hochschulverlag AG an der ETH Zürich

UTB Profile

Charlotte A. Lerg

Die Amerikanische Revolution

A. Francke Verlag Tübingen und Basel

Dr. Charlotte A. Lerg lehrt am Amerika-Institut der LMU München.

Bibliografische Information der Deutschen Nationalbibliothek

Die Deutsche Nationalbibliothek verzeichnet diese Publikation in der Deutschen Nationalbibliografie; detaillierte bibliografische Daten sind im Internet über http://dnb.d-nb.de abrufbar.

© 2010 • Narr Francke Attempto Verlag GmbH + Co. KG
Dischingerweg 5 • D-72070 Tübingen
ISBN 978-3-7720-8369-3

Internet: http://www.francke.de
E-Mail: info@francke.de

Einbandgestaltung: Atelier Reichert, Stuttgart
Satz: Arnold & Domnick, Leipzig
Druck und Bindung: fgb · freiburger graphische betriebe
Printed in Germany

ISBN 978-3-8252-3405-8
(UTB-Bestellnummer)

Inhalt

Einleitung

Die Amerikanische Revolution hat in den USA eine gesellschaftliche Bedeutung, die über rein wissenschaftliches Interesse weit hinausgeht. Gründungsmythen sind zentraler Bestandteil nationaler Identität; für die Vereinigten Staaten bildet die Unabhängigkeit 1776 eindeutig dieses definitorische Moment. Unzählige Mythen und Legenden, die sich um Ereignisse, Persönlichkeiten, Orte und Relikte jener Zeit ranken, gehören zum alltäglichen Leben der Amerikaner – in der politischen Rhetorik ebenso wie in der vielfältigen Populärkultur. Als wichtiger Teil des öffentlichen Gedächtnisses prägen sie das Selbstverständnis der Weltmacht bis heute.

Thomas Jefferson war der Ansicht, niemand könne die Geschichte der Amerikanischen Revolution schreiben – „außer vielleicht die äußeren Fakten". Mit der engen Bindung des Nationalbewusstseins an die historischen Ereignisse war jedoch von Anfang an ein ständiger Kampf um Deutungshoheit und Interpretation verbunden. Schon die ersten beiden Historiker der Revolution, John Ramsey und Mercy Otis Warren, präsentierten ihre Studien auf Grund ihrer jeweiligen sozialen Herkunft und politischen Sympathien völlig unterschiedlich und setzten verschiedene Schwerpunkte. Ramsey verfolgte ein zentralistisches Interesse und hob die Einheit und die Gemeinsamkeiten der Kolonien hervor. Warren war mehr darauf bedacht, lokale Eigenheiten zu betonen und besonders die Verdienste ihres Heimatstaats Massachusetts herauszustellen. Außer um Chronologien der Ereignisse und Biographien der Akteure drehten sich die Debatten in der Forschung zur amerikanischen Unabhängigkeit seit dem 20. Jahrhundert vor allem um den folgenden Fragenkomplex: Wer oder was war die treibende Kraft? Waren es wirtschaftliche Interessen oder politische Ideen? Ging die Dynamik von der kolonialen Elite oder von den unteren Schichten aus? Mit der neueren Sozialgeschichte kamen seit den 1960er Jahren neue Fragestellungen hinzu: Welche Rolle spielten die Minderheiten, und was bedeutete die Revolution für sie? Welchen Bezug hatten Schwarze, Frauen oder Indianer zur Geschichte der Staatsgründung? Wie konnten sie Teil haben am Gründungsmythos der Nation?

In Amerika gehört die Revolution zu den am gründlichsten erforschten Gebieten der Geschichtswissenschaft. Außerhalb der USA dagegen wurde, mit Ausnahme Großbritanniens, das Thema nur wenig bearbeitet.

In Deutschland rief die Unabhängigkeit der USA Ende des 18. Jahrhunderts eine große Faszination hervor. Zwar kannte man kaum genaue Details, ein Kampf für Freiheit und Unabhängigkeit aber konnte in den von Romantik und Idealismus bewegten Deutschen nur Begeisterung entfachen. Mitte des 19. Jahrhunderts rückte die junge amerikanische Republik erneut ins deutsche Interesse. Inzwischen gab es bereits genauere wissenschaftliche Beschreibungen des Unabhängigkeitskriegs, aber der Blick über den Atlantik und in die amerikanische Geschichte war nun vorwiegend politisch motiviert. Als sich in den deutschen Staaten eine revolutionäre Dynamik abzuzeichnen begann, verwiesen die liberaleren unter den Konservativen gerne auf die Ereignisse von 1776. Für sie war es wichtig, einen Gegenpol zur Französischen Revolution von 1789 aufzuzeigen, um zu betonen, dass nicht jede revolutionäre Bewegung in Terror enden musste. Es ist nicht zuletzt als Erbe dieser frühen Interpretation zu betrachten, dass im deutschen Sprachgebrauch die Terminologie von *Revolution* im Zusammenhang mit der amerikanischen Unabhängigkeit weniger präsent ist als die Betonung des Krieges.

Vor dem Hintergrund der vielfältigen Forschungsdebatten bietet dieser Band eine Einführung in die Ideen und Ereignisse zwischen 1760 und 1790 und eine Erklärung des Zusammenhangs von Krieg und Revolution für die amerikanische Staatsgründung.

1

Vor der Unabhängigkeit

Die *Boston Tea Party* im Dezember 1773 gilt als Beginn der Amerikanischen Revolution. Um aber die Vorgänge in Boston Anfang der 1770er Jahre richtig einordnen zu können, sollte man ein Jahrzehnt weiter zurückgehen. Die Entwicklungen und Veränderungen im Verhältnis zwischen dem Mutterland und den Kolonien während dieser Zeit bewirkten, wie John Adams sich später erinnerte, „eine Revolution in den Herzen und Köpfen" der Menschen. In der Auseinandersetzung mit dem englischen Parlament um Souveränität und Besteuerungsrecht begannen die Bewohner der Kolonien ihre Rolle im britischen Empire genauer zu überdenken und zu definieren – immer mehr zum Ärger der Regierung in London. Gleichzeitig verlangte die Koordination von Protestaktionen eine interkoloniale Kommunikation, wie sie zuvor nur sehr vereinzelt existiert hatte, und ein spezifisch amerikanisches Selbstverständnis begann sich zu entwickeln. Unterstützend kam hinzu, dass die revolutionäre Dynamik weite Teile der Bevölkerung, die zuvor kaum aktiv am politische Geschehen beteiligt gewesen waren, politisierte und mit einbezog. Im Widerstand gegen den *Stamp Act* [Stempelgesetz] zeigte sich erstmals, wie verschiedene Arten von Protest – die theoretischen Pamphlete, die Resolutionen der lokalen Versammlungen und die Demonstrationen in den Straßen – ineinandergriffen. Wenn die *Boston Tea Party* der erste Akt der Revolution war, dann waren die Proteste gegen die Steuergesetze während der 1760er Jahre die Generalprobe.

ZEITTAFEL	
1763	
10. Februar	Friedensvertrag von Paris beendet den Siebenjährigen Krieg
1764	
05. April	*Sugar Act* verabschiedet

1765	
22. März	*Stamp Act* verabschiedet
29. Mai	*Virginia Resolutions*
Sommer	Proteste gegen den *Stamp Act*
1766	
18. März	Rücknahme des *Stamp Act* und Verkündung des *Declaratory Act*
1767	
02. Juni	*Townshend Duties* verabschiedet
1768	
11. Februar	*Massachusetts-Circular*
1770	
05. März	Boston „Massacre"
12. März	Rücknahme der *Townshend Duties*
1773	
10. Mai	*Tea Act*
12. Dezember	*Boston Tea Party*

Die koloniale Gesellschaft 1763

Die Rivalität zwischen Frankreich und Großbritannien hatte mit der kolonialen Perspektive seit dem 17. Jahrhundert eine neue Komponente erhalten. In Europa ging es um Machtsicherung, um Einfluss und um Religion. In den Kolonien ging es vor allem um Handel, Rohstoffe und um Landbesitz. Nicht nur am Ärmelkanal standen sich daher die beiden damals stärksten Staaten Europas gegenüber. Sie trafen auch in der Karibik, in Afrika, Indien und in Nordamerika aufeinander.

Weil die beiden Kolonialmächte ihre Konflikte in verschiedenen Regionen der Welt austrugen, war der **Siebenjährige Krieg** erstmals ein Krieg von globalem Ausmaß, den einige Historiker sogar als ‚Weltkrieg' bezeichnen. Umstände, Auslöser und auch die Natur des Krieges bzw. der Kriege in Indien, Europa und Nordamerika variierten allerdings beträchtlich. Die verschiedenen Schauplätze waren nur dadurch verbunden, dass die Kriegsherren und ihre grundsätzlichen Interessen dieselben waren.

THE BOSTONIANS PAYING THE EXCISE-MAN OR TARRING & FEATHERING

Abb. 1: Proteste gegen die Steuergesetze

Der Siebenjährige Krieg in Europa begann 1754. Er hatte seine Wurzeln in einem Konflikt zwischen Preußen und Österreich, aber durch das verwobene System von Allianzen kämpften bald auch Briten (auf Seiten Preußens) gegen Franzosen (im Bündnis mit Österreich). Die Ereignisse, die sich parallel in Nordamerika ereigneten, gelten heute zwar als Teil des gleichen Konflikts, werden aber üblicherweise nicht als Siebenjähriger Krieg bezeichnet – allein schon weil sie acht Jahre andauerten. Schon 1753 kam es zu den ersten Kriegshandlungen des sogenannten **French-and-Indian-War**. Der Name weist bereits darauf hin, dass die Franzosen mit verschiedenen Indianerstämmen Allianzen geschlossen hatten, aber auch die britische Seite hatte vor allem in den *Irokesen* und den *Cherokee* wichtige indigene Verbündete. In historischer Perspektive war der Krieg, der sich vorwiegend in der Gegend rund um die großen Seen und an der heutigen Grenze zu Kanada abspielte, nur der Höhepunkt einer Reihe von Auseinandersetzungen, die sich allesamt um die komplexen Verflechtungen von Siedlern – englischen wie französischen – mit den indigenen Völkern drehten. Es ging um Handelsbeziehungen, Monopolprivilegien sowie Transit- und Nutzungsrechte und immer wieder um Landbesitz.

Als 1763 der Siebenjährige Krieg in Europa beendet wurde, enthielt der in Paris unterzeichnete **Friedensvertrag** auch mehrere Klauseln zur Regelung der Verhältnisse jenseits des Atlantiks. Das geschlagene Frankreich willigte ein, alle Ansprüche auf dem nordamerikanischen Kontinent aufzugeben, und erhielt als Gegenleistung die florierenden Inseln Guadeloupe und Martinique zurück, die Großbritannien 1759 erobert hatte. Damit hatten sich die Briten in Nordamerika endgültig behauptet. Ihre indianischen Verbündeten jedoch profitierten davon nicht im Geringsten. Im Gegenteil, mit dem Abzug der Franzosen stand der aggressiven Ausbreitung durch die englischen Siedler nichts mehr im Weg. Es überrascht also nicht, dass die Kämpfe an der Siedlungsgrenze sich nach dem Friedensvertrag von 1763 sogar noch intensivierten.

1760, mitten im Siebenjährigen Krieg, starb der englische König Georg II. Mit seinem Enkel **Georg III.** bestieg ein Monarch den Thron, der seine Autorität auf besonders starke Weise konsolidieren wollte. Aufgrund des Systems der konstitutionellen Monarchie war der Machtkampf zwischen Krone und Parlament typisch für die englische Politik. Georg III. spielte 1762 seinem Berater John Stuart, dem 3. Grafen von Bute, die Position des Premierministers zu. Als enger Vertrauter der Krone an der Spitze des Parlaments und noch dazu als Schotte erregte Bute das Misstrauen nicht nur der Parlamentarier sondern auch des englischen Volkes – selbst in den Kolonien. Bei Protesten in England, aber auch noch bei den späteren Unruhen in den Kolonien, als er schon nicht mehr Premierminister war, brannten immer wieder Strohpuppen, die Bute darstellten – manchmal zündeten die Demonstranten auch einfach einen Stiefel („*boot*") an. Auf dieser Welle der Empörung gelang es dem Parlament, Bute bereits ein Jahr nach seinem Amtsantritt wieder zu vertreiben. An seine Stelle trat zum Ende des Siebenjährigen Kriegs 1763 George Grenville.

Die **Turbulenzen an der Spitze der Regierung** waren jedoch nicht das einzige Problem Großbritanniens in den 1760er Jahren. Sie waren vielmehr symptomatisch für eine tiefer liegende Krise, die in der Bevölkerung schwelte. Angesichts seiner Eingriffe in die Politik warf man Georg III. vor, er überschreite die Grenzen seiner Macht; eine Rhetorik von Tyrannei als Bedrohung englischer Bürgerrechte – ähnlich der, die wenige Jahre später aus den Kolonien kommen sollte – war bereits in der ersten Hälfte der 1760er Jahre in englischen Blättern wie der Wochenzeitung *The North Briton* des radikalen Journalisten John Wilkes in Gebrauch.

Abgesehen von den politischen und sozialen Spannungen war Großbritannien auch finanziell ernstlich in Bedrängnis geraten. Der Krieg auf vier Kontinenten war zwar zu einem glorreichen Ende gekommen, hatte aber die **Staatskassen geleert**. Das Defizit hatte sich in den sieben Kriegsjahren mehr als verdoppelt. Die Bevölkerung ächzte unter der Steuerlast und es lag nahe, einen Teil dieser Bürde auf die amerikanischen Kolonien abzuwälzen, die letztendlich, so argumentierte Grenville, besonders davon profitierten, dass die Franzosen Kanada hatten verlassen müssen. Die Amerikaner sahen dies allerdings anders. In ihren Augen hatten sie während des Krieges bereits so hohe Opfer gebracht, dass sie nicht bereit waren, auch noch für die Konsequenzen zu bezahlen.

Traditionell stammte der Profit, den Großbritannien aus Amerika zog, nicht aus direkten Steuereinnahmen. Das wirtschaftliche Verhältnis zwischen England und seinen Kolonien wurde von den *Navigation Acts* [Navigationsgesetzen] geregelt, die sukzessive seit dem 17. Jahrhundert erlassen worden waren. Diese speziellen Handelsbedingungen und -abkommen ermöglichten den günstigen Einkauf von Rohstoffen und garantierten einen sicheren Absatzmarkt für produzierte Güter, so dass stets mit einem klaren wirtschaftlichen Vorteil für das Mutterland gerechnet werden konnte. Als das Parlament 1765 mit dem *Stamp Act* [Stempelgesetz] den Kolonien erstmals eine direkte Steuer auferlegte, sollten diese merkantilen Traditionen an Bedeutung gewinnen. Vorerst aber verfolgte Grenville eine andere Strategie.

In den Jahrzehnten zuvor war die Administration lax mit der Umsetzung der Navigationsgesetze umgegangen, da die Wirtschaftsbeziehungen zwischen Mutterland und Kolonien zur allgemeinen Zufriedenheit funktioniert hatten. Die erste Hälfte des 18. Jahrhunderts war von einer „wohlwollenden Nachlässigkeit" (*Salutary Neglect*) der Britischen Regierung gegenüber ihren Kolonien in Amerika geprägt. Solange der Handel blühte, ließ man die Siedler sich weitestgehend selbst regieren, was für die Besteuerung durch lokale Versammlungen ebenso galt, wie für die Zolleinnahmen vor Ort. Grenville aber erkannte zu seinem Entsetzen, dass nachlässige Zollbeamte und findige Schmuggler die Staatskasse jährlich um fast zwei Drittel ihrer Einnahmen brachten. Sein Plan konzentrierte sich auf Melasse – die wichtigste Ware der transatlantischen Kolonien, die von den Zuckerplantagen Jamaikas an die Destillen in Neuengland ging und dann als Rum weiterverkauft wurde. Hier hatte sich ein reges Schmugglernetzwerk entwickelt, das die englische Regierung zu unterbinden hoffte, indem sie die Abgaben auf Melasse senkte, dafür aber weitere Güter mit Zoll belegte – die sogenannten *enumerated goods* [aufgezählten Güter] wie Wein, Seide und Kaffee. Vor allem aber sollten die Kapazitäten für die Verfolgung von Schmugglern erhöht werden.

Neben den Neuerungen bei der Verzollung von Melasse und anderen Gütern bestimmte daher der 1764 verabschiedete *Sugar Act* [Zuckergesetz] auch, dass Verstöße gegen die Abgaberegelungen in Zukunft von den Seegerichten der Marine entschieden werden sollten. Anders als bei den lokalen Gerichtshöfen in den Kolonien gab es in diesen Verfahren keine Geschworenen. Die Jurys in den Kolonien hatten tendenziell zu nachsichtig geurteilt, besonders da sie von der weit verbreiteten Schmuggelei nicht selten selbst direkt oder indirekt profitierten. Mit dem *Sugar Act* griff London zum ersten Mal streng durch. Die Zeiten des *Salutary Neglect* waren vorüber. Es dauerte eine Weile, bis den Bewohnern der Kolonien die Dimension der neuen Gesetzgebung bewusst wurde. Die einzelnen Lokalversammlungen legten zwar Widerspruch ein, aber es gab nur schwache interkoloniale Kooperation, und letztlich fügten sie sich. Der politisch aktive Bostoner Anwalt James Otis blieb mit seinem Protestpamphlet *Die Rechte der britischen Kolonien behauptet und bewiesen* eher eine Ausnahme. Trotzdem ist hier bereits die Argumentation angelegt, die kurz darauf eine Revolution ins Rollen bringen sollte: Das verbriefte Recht darauf, durch Repräsentanten an Entscheidungen zur Steuergesetzgebung beteiligt zu sein, kurz: *No taxation without representation!* [Keine Besteuerung ohne Vertretung]!

Die *Stamp Act*-Unruhen

Nachdem der *Sugar Act* schließlich doch akzeptiert worden war, ging Grenville im Jahr darauf einen Schritt weiter. Mit dem neuen Budget schlug er dem Parlament im März 1765 eine neue, zusätzliche Bestimmung für die Kolonien vor: Sein ***Stamp Act***, der schon wenige Wochen später verabschiedet wurde, erhob eine Gebühr für das nun verpflichtende Stempeln jeglicher Form von Papier im öffentlichen Gebrauch; von Dokumenten und Lizenzen über Zeitungen bis hin zu Spielkarten. In Großbritannien selbst existierte ein ähnliches Gesetz bereits. Papier musste offiziell gestempelt werden, bevor es zur Nutzung zugelassen war. Bei der neuen Bestimmung handelte es sich also nicht mehr um einen Zoll, wie er zu der akzeptierten Praxis von Handelsbestimmungen unter den Navigationsgesetzen gehörte, sondern um eine direkte Gebühr innerhalb der Kolonien – nicht vor Ort erhoben, sondern von Westminster aus. Auch wenn für das Stempeln nur relativ geringe Summen verlangt wurden, war hier eine Grenze überschritten worden, die aus einem wirtschaftlichen Disput eine Frage des Prinzips machte.

Im April 1765 erreichten die neuen Bestimmungen Amerika. Sie sollten zum 1. November desselben Jahres in Kraft treten, aber so weit kam es nicht. Während der Sommermonate des Jahres 1765 wurden die Kolonien von einer Welle vielschichtiger **Protestaktionen** überzogen. Sie umfassten offizielle Eingaben der lokalen Versammlung an König und Parlament ebenso wie Demonstrationen und Massenaktionen, die durchaus gewalttätige Formen annehmen konnten. Der *Sugar Act* hatte hauptsächlich die neuenglischen Kolonien und einige Regionen in den mittelatlantischen Gebieten betroffen, weil sich dort die Destillen befanden, die die Melasse weiterverarbeiteten. Der *Stamp Act* hingegen tangierte einen weit größeren Anteil der Bevölkerung – allen voran die Drucker. Sie waren in jener Zeit üblicherweise auch Herausgeber ihrer eigenen Zeitungen und damit Meinungsmacher.

Unter den Lokalversammlungen machte das *House of Burgesses* von Virginia im Mai den Anfang. **Patrick Henry**, ein junger Advokat, der seinen Sitz in der Legislative von Virginia erst seit einer knappen Woche bekleidete, hielt eine der ersten seiner leidenschaftlichen Reden, die ihn berühmt machen sollten. Er brachte sieben Protestresolutionen ein, von denen die Versammlung im Anschluss an sein flammendes Plädoyer vier annahm: die moderateren Vorschläge, die das Recht auf Repräsentation und Partizipation unterstrichen. Die ***Virginia Resolutions*** verfehlten ihren Effekt dennoch nicht. Sie wurden in Zeitungen überall in den Kolonien abgedruckt, und zwar meistens inklusive der drei radikalen Klauseln, die eigentlich keine Mehrheit gefunden hatten. Diese hatten das ausschließliche Recht der Lokalversammlungen – in diesem Fall das *Virginia House of Burgesses* –, Steuergesetze zu verabschieden, bewirken wollen; jedes anders erlassene Gesetz sei nicht zu befolgen, und wer es dennoch tue, zeige sich als Feind der Kolonie. Schon bald folgten andere Lokalversammlungen mit ähnlichen Erklärungen, Flugblätter erschienen, und die seit dem *Sugar Act* schwelende Debatte über die Vorrechte des englischen Parlaments, die Position der Kolonien im Empire und die verbrieften Rechte englischer Bürger – auch in den Kolonien – flammte auf. Im Oktober trafen sich auf Anregung von Massachusetts Vertreter aus neun der dreizehn Kolonien in New York zum sogenannten **Stamp Act Congress**. In einer 14 Punkte umfassenden offiziellen Erklärung betonten sie ihre Treue gegenüber Krone und Parlament, forderten aber gleichzeitig vehement die unverzügliche Rücknahme des *Stamp Act*. Ihre Argumentation war klar: Die Steuer war unrechtmäßig, weil die Kolonien mangels einer angemessenen Vertretung in Westminster nicht hatten darüber abstimmen können. Neu war, dass dieses Schreiben erstmals darlegte, dass aufgrund der Entfernung eine solche angemessene Vertretung in London gar nicht möglich sei. Aus dieser Feststellung wiederum folgte, dass nur den Lokalversammlungen das exklusive Recht zukommen könne, Steuern zu erheben.

In Boston begann sich eine Vereinigung zu formen, die zu einer treibenden Kraft des revolutionären Prozesses werden sollte. Sie ging aus einem Zusammenschluss gut verdienender Handwerker und Kaufleute hervor, die sich die *Loyal Nine* nannten. Die Zahl der Mitglieder, vorwiegend aus der städtischen Mittelschicht, wuchs schnell an, und bald operierte ein teils verdecktes Netzwerk aus Clubs auch außerhalb Bostons in ganz Massachusetts und darüber hinaus. Sie nannten sich **Sons of Liberty** [Söhne der Freiheit] – ein Name, der aus der Rede des englischen Parlamentariers Isaac Barré übernommen war, der die Kolonisten in seinen leidenschaftlichen Plädoyers gegen die Steuergesetzgebung so tituliert hatte. Zwar gab es keine übergeordnete Dachorganisation – dafür war die Infrastruktur nicht gegeben und die Bewegung zu jung und improvisiert – trotzdem trug die Verbindung der *Sons of Liberty* untereinander zu einer besseren Vernetzung der Kolonien insgesamt bei. Einige bemühten sich sogar, in den ländlichen Gegenden Mitglieder zu motivieren, im Allgemeinen aber blieb es ein urbanes Phänomen.

Männer wie Samuel Adams, Paul Revere und James Otis, die sich an der Spitze der *Sons of Liberty* engagierten, hatten erkannt, wie wichtig es war, die Menschen auf die Straßen zu bringen. Sie konnten dabei auf eine Protestkultur zurückgreifen, die sich seit dem 17. Jahrhundert in England entwickelt hatte und auch in den Kolonien weitergeführt wurde. Emblematisch waren etwa die Veranstaltungen am 5. November, die an den 1605 vereitelten Anschlag des Katholiken Guy Fawkes auf das englische Parlament und König James I. erinnerten. Dieser Tag, auch als ‚*Pope Day*‘ bekannt, war zu einem regelrechten Schauspiel des Antikatholizismus geworden. Strohpuppen, die Guy Fawkes – manchmal auch den Papst – darstellten, wurden durch die Straßen getragen, verhöhnt und anschließend zeremoniell verbrannt. Gerade das **Verbrennen symbolischer Strohpuppen** war ein beliebtes Mittel der unteren Schichten, politische Aussagen zu machen. Aktionen dieser Art wurden auch durch die *Sons of Liberty* angestoßen. Diese hatten sich jedoch zwei Aufgaben gesetzt, die nur bis zu einem gewissen Punkt miteinander vereinbar waren: Einerseits ging es darum, die Unterschicht und die unteren Mittelschicht in die Bewegung einzubinden, andererseits aber die Kontrolle über den Mob zu behalten, denn sie wussten, dass radikale Gewaltaktionen die meist bessergestellten Herren der Lokalversammlungen abstoßen und die Einheit des Widerstandes gefährden würden. In Boston, das sich in den folgenden Jahren zu einem der revolutionären Zentren entwickeln sollte, geriet Mitte August 1765 ein Protestmarsch außer Kontrolle.

Andrew Oliver, designiert für das **Amt des Steuereintreibers**, hatte sich bereits zuvor viele Feinde unter den Bostoner Hafenarbeitern und Handwerkern gemacht. Unzählige Immobilien in der Stadt sowie seine guten Beziehungen zum königlichen Statthalter Thomas Hutchinson und direkt nach London hatten ihm zu beachtlichem Reichtum verholfen. Er war in den Kolonien geboren, und so wurde ihm sein enges Verhältnis zu England von vielen Gegnern des *Stamp Acts* als Verrat ausgelegt. Er bekleidete darüber hinaus mehrere profitable Ämter in der lokalen Verwaltung und hatte somit auch politisch großen Einfluss. Am 14. August wurde eine Oliver darstellende Strohpuppe an einem großen Baum im Zentrum Bostons aufgeknüpft. Im Laufe des Tages versammelte sich eine Menschenmenge, die die Puppe abschnitt und in einem inszenierten Trauerzug zu Olivers erst kürzlich für die Steueradministration errichtetem Gebäude am Kai zog. Nachdem sie die Backsteinkonstruktion in kürzester Zeit niedergerissen hatten, schichteten sie in den Trümmern einen Scheiterhaufen auf, und unter lauten Bravorufen wurde Andrew Olivers Abbild aus Stroh verbrannt. Inzwischen hatte sich die Stimmung so aufgeheizt, dass sich die Menge auf der Suche nach einem neuen Ziel in die Richtung des herrschaftlichen Wohnhauses der Olivers bewegte. Sich und seine Familie hatte der Gefemte in Sicherheit bringen können, aber sein Anwesen wurde völlig verwüstet. Statthalter Hutchinsons Versuch, die lokale Miliz zum Eingreifen zu bewegen, war zwecklos – viele von ihnen waren auf der anderen Seite dabei. Tags darauf zitierte man Oliver vor ein provisorisches Schiedsgericht und legte ihm nahe – im Lichte der Vorgänge der vergangen Nacht – von seinem Posten als Steuerbeamter der Krone zurückzutreten. Oliver fügte sich.

Wieder waren es die Zeitungen, die diese Vorgänge über die Grenzen von Massachusetts hinaus bekannt machten, und in den folgenden Wochen ereignete sich Ähnliches auch in anderen Kolonien. In Annapolis in Maryland wurde das Lagerhaus des Zolls angezündet, in New York die prunkvolle Kutsche des Gouverneurs. Auch in den südlichen Kolonien wurden die Häuser der für das Eintreiben der Stempelsteuer designierten königlichen Vertreter verwüstet. Als das Gesetz am 1. November in Kraft treten sollte, hatten diese fast alle ihre Posten mehr oder minder freiwillig aufgegeben. Nur in Georgia trat der Stempelbeamte seinen Dienst an – jedoch auch nur für einige Tage. Die Bestimmungen aus London konnten nicht umgesetzt und ausgeführt werden. Damit war ein wichtiges **Ziel der Proteste erreicht**, die Kolonisten aber forderten nach wie vor die Rücknahme des Gesetzes, denn schließlich ging es ihnen darum, ein grundsätzliches Recht zu behaupten.

Bereits im November hatten New Yorker Kaufleute eine gemeinsame **Boykotterklärung** unterschrieben, im Dezember folgten ihre Kollegen in Massachusetts. Sie verfolgten eine Nicht-Import-Politik britischer Waren. Gleichzeitig wurden Petitionen an den König und das Parlament versandt. Die wirtschaftlichen Maßnahmen der Kolonien waren nicht lange genug in Kraft, um die britische Handelsbilanz messbar zu beeinflussen; schon zwei Monate später lenkte das Parlament ein und nahm am 21. Februar 1766 die Stempelakte zurück. Die Tatsache aber, dass die Amerikaner bereit waren, selbst auf eigene Kosten – der Boykott schadete schließlich beiden Seiten – ihr Recht durchzusetzen, sowie die Aktionen während der zweiten Hälfte des Jahres 1765 trugen zweifelsohne dazu bei, dass sich die Position Westminsters änderte.

Allerdings hatte auch ein erneuter **Wechsel an der Regierungsspitze** Großbritanniens die Politik des Mutterlandes unter neue Vorzeichen gestellt. Der König hatte erkannt, dass Grenville, der so gut wie keine Erfahrung mit Kolonialpolitik hatte, der Situation in Amerika nicht Herr werden würde, daneben hatten auch andere Gründe zu Grenvilles Entlassung bereits im Juli 1765 geführt. An seine Stelle trat der Marquis von Rockingham. Politisch gehörte dieser wie Grenville zu den englischen

Whigs, die jedoch zu jener Zeit bereits so zerstritten waren, dass sich innerhalb der Partei eigenständige Fraktionen entwickelten. Als der Druck der Proteste immer stärker wurde und zu den Petitionen aus Übersee auch Schreiben heimischer Kaufleute hinzukamen, fiel es Rockingham leichter, die Gesetzgebung zu revidieren, da seine Regierung dafür nicht direkt verantwortlich gewesen war.

Am 18. März 1766 unterschrieb der König die **Rücknahme des *Stamp Act***. Die Konsequenzen dieses Einlenkens von Seiten Großbritanniens sind nicht zu unterschätzen. Als unmittelbare Folge kehrte in den Kolonien für kurze Zeit wieder Ruhe ein. Gleichzeitig aber erkannten die Amerikaner, welchen Druck sie auf das Mutterland auszuüben vermochten, wenn sie ihre Aktionen koordinierten. Westminster hatte nachgegeben und damit letztlich Schwäche gezeigt und einen Präzedenzfall geschaffen, der in den Augen vieler politischer Beobachter in und außerhalb Großbritanniens einen gefährlichen Spielraum eröffnete. Auch Rockingham war sich des Problems bewusst. Mochte er auch in diesem Fall den Kolonien ihren Willen gelassen haben, so war er doch ein überzeugter Verfechter der Autorität und Souveränität des Parlaments. Um diese Position unmissverständlich darzulegen, fügte er der Rücknahme des Stempelgesetzes einen Zusatz bei, der als ***Declaratory Act*** [Deklarationsgesetz] bekannt wurde. Es handelte sich dabei eher um eine Erklärung als um eine direkte Rechtsbestimmung, in der festgestellt wurde, dass die Kolonien der Krone und dem Parlament untergeordnet seien, welches „in allen wie auch immer gearteten Fällen" das Recht und die Autorität habe, Gesetze für sie zu erlassen. Vielerorts in Amerika verloren sich die Details des *Declaratory Act* in der Euphorie über die Rücknahme des *Stamp Act*. Einige Zeitgenossen aber erkannten den Anhang als Indiz dafür, dass das Kräftemessen zwischen Kolonien und Parlament um Souveränität und Vorrechte noch keineswegs vorüber war.

Whigs und Tories

Die Begriffe *Whigs* und *Tories* fanden sich Ende des 18. Jahrhunderts in der politischen Sprache sowohl Englands als auch Amerikas, allerdings in leicht unterschiedlicher Bedeutung. In England bezeichneten sie die politischen Gruppierungen in Westminster: Die *Whigs* forderten traditionell mehr Rechte für das Parlament, während die *Tories* eher für die Autorität der Krone einstanden. Weil es vorwiegend *Whig*-Politiker waren, die sich für die Belange der Kolonien einsetzten, identifizierten sich viele Amerikaner mit dieser Partei.

Die Königstreuen im Konflikt mit dem Mutterland waren damit schnell als *Tories* gebrandmarkt. Die Übernahme der Begriffe während der Revolution war vorwiegend rhetorischer Natur und simplifizierte die komplexen historischen Zusammensetzungen der englischen Parteien erheblich. Eine andere *Whig*-Partei entstand während der ersten Hälfte des 19. Jahrhunderts in Amerika. Sie war eine der ersten machtvollen politischen Parteien der frühen Republik und berief sich auf das Erbe ihrer englischen Vorläufer in der Argumentation gegen eine zu starke Exekutive – sei es ein König oder ein Präsident.

Das Townshend-Programm

Nur ein knappes Jahr, nachdem Rockingham an die Macht gekommen war, brachten innerparteiliche Streitigkeiten sein Kabinett zu Fall. In **William Pitt, dem Älteren**, der nun wieder an die Macht kam, hatten die Amerikaner lange einen Fürsprecher gehabt. Zusammen mit seinem jüngeren Kollegen Edmund Burke war er in den Debatten des Parlaments Wortführer für die Rücknahme des *Stamp Act* gewesen. Seine Beliebtheit und der Ruf, den er während einer langen politischen Karriere aufgebaut hatte, erlaubten ihm eine Rhetorik, die jedem anderen Redner als aufrührerisch oder gar staatsfeindlich ausgelegt worden wäre. Seit seiner Jugend litt Pitt jedoch an einer erblichen Variante der Gicht, und bei seinem Amtsantritt 1766 mit 58 Jahren war er bereits stark von dieser Krankheit gezeichnet und geschwächt. Dankbar nahm er, der so lange seine bürgerliche Herkunft betont und seinen Ruf als „Great Commoner" gepflegt hatte, einen Sitz im Oberhaus an, wo das politische Geschäft in ruhigeren Bahnen verlief. Im August zog sich Pitt – nun Lord Chatham – aus dem Unterhaus zurück und überließ die Regierungsgeschäfte weitgehend seinem Kabinett. Kurz darauf erlitt er einen endgültigen Zusammenbruch, von dem er sich nie wirklich erholte. Die Aufgaben des Premierministers übernahm de facto der **Schatzmeister Charles Townshend**.

„Champagne Charly" Townshend verdankte seinen Spitznamen einer legendären Rede, die er einst vor dem Unterhaus gehalten hatte – völlig betrunken. Er diente zunächst im Stab der königlichen Admiralität und war dann mehrere Jahre Mitglied des *Board of Trade* gewesen, eines Vorläufers des Wirtschaftsministeriums, das damals vorrangig für die Administration der Kolonien zuständig war. Anders als Grenville hatte Townshend folglich einiges an Erfahrung im Umgang mit den Kolonien aufzuweisen. Fest entschlossen, der finanziellen Krise mit Hilfe von Steuereinnahmen aus Amerika beizukommen, wählte er dennoch einen Ansatz, der dem Grenvilles ähnlich, wenn nicht gar kühner in seinen Forderungen war. Das **Townshend-Programm**, das er über den Winter 1766/67 ausarbeitete, beinhaltete ebenfalls eine Kombination aus Steuerauflagen und Maßnahmen zur besseren Umsetzung der Gesetze und zur effektiveren Verfolgung bei Zuwiderhandlung. Außerdem sollten die Einnahmen direkt für den Unterhalt der in den Kolonien stationierten Truppen verwendet werden, etwa um die Forts entlang der Siedlungsgrenze zu sichern. Auf diese Weise hoffte er, den Amerikanern den Nutzen ihrer Abgaben vor Augen zu führen. Andererseits sollten aber auch die Beamten im Dienste der Krone mit diesem Geld bezahlt werden. Der zweite Verwendungszweck gab in den Kolonien Anlass zu Empörung. Bis dahin waren die Gouverneure und ihre Beamten finanziell von den Lokalversammlungen abhängig gewesen. Mit dem Wegfall dieser Abhängigkeit verloren die Vertretungen vor Ort einen entscheidenden Teil ihrer Macht im kolonialen Regierungsgefüge. Nach den Erfahrungen mit dem *Stamp Act* war Townshend darauf bedacht, keine direkten internen Gebühren in den Kolonien zu erheben, sondern beschränkte sich darauf, Luxus- und weiterverarbeitete Güter, die die Amerikaner nicht selbst produzieren konnten und unter der Navigationsakte aus England importieren mussten, mit Steuern zu belegen. Dazu gehörten Tee, Farbe, verschiedene Stoffe, Glas, Kaffee und Damenhüte.

Die Ereignisse der vorangegangenen Jahre hatten die Amerikaner für diese Thematik sensibilisiert, so dass sie keinen Unterschied zwischen Gebühr und Zoll akzeptieren wollten, so lange die Entscheidung darüber ausschließlich in London getroffen wurde – noch dazu begleitet von Maßnahmen zur stringenten Durchsetzung und Vollstreckung dieser Gesetze. Townshend regte die Einrichtung weiterer Seegerichte an und schlug die Schaffung einer eigenen *Board of Customs Commission* [Zollaufsichtsbehörde] für die amerikanischen Kolonien vor, die ausgerechnet im aufrührerischen Boston angesiedelt werden sollte. Am 2. Juni 1767 verabschiedete das Parlament das Programm ohne nennenswerte Änderungen. Townshend selbst sollte das Inkrafttreten seines Plans – und die folgenden Ereignisse – nicht mehr erleben. Anfang September starb er sehr plötzlich an Typhus. Die Geschäfte übernahm nun Graf Augustus FitzRoy Grafton. Ihm schlug angesichts der *Townshend Duties*

[Townshend-Abgaben], wie sie inzwischen hießen, eine Welle der Empörung aus Amerika entgegen, obgleich er den Anliegen der Kolonie eigentlich zugetan war. Die andauernde Instabilität an der Spitze des englischen Parlaments, das während der 1760er Jahre keine klare Linie gegenüber den Kolonien verfolgte, trug mit dazu bei, dass sich die Diskussion um die Position und Souveränität der Amerikaner innerhalb des Empires immer weiter vertiefte – denn immerhin war sich das Parlament selbst in diesem Punkt nicht einig.

Die Einführung der *Townshend Duties* rief zunächst nur punktuell heftige Reaktionen hervor. Im September 1767 etwa enterte eine aufgebrachte Menge bei Norfolk in Virginia ein Zollschiff. Die Lokalregierungen der Kolonien debattierten während ihrer Zusammenkünfte im Herbst und Winter 1767 / 68 über die zu ergreifenden Maßnahmen. Die Unabhängigkeit von Großbritannien stand zu jener Zeit in den amerikanischen Kolonien grundsätzlich nicht zur Debatte. Im Gegenteil, in ihrem Protest beriefen sich die Kolonisten gerade auf ihre von der englischen Verfassung verbrieften Bürgerrechte; allem voran das Recht auf politische Partizipation.

Im Februar 1768 beschlossen die Vertreter von Massachusetts zu handeln und wandten sich in einem Rundschreiben, dem **Massachusetts Circular**, an ihre Kollegen in den anderen Kolonien. Den Brief hatten Samuel Adams und James Otis entworfen. Sie forderten dazu auf, gemeinsam gegen die englische Gesetzgebung vorzugehen. Erste Priorität war die Koordination eines einheitlichen Boykotts der besteuerten Waren, der alle Kolonien mit einbeziehen sollte. In London erregte das Schreiben die Aufmerksamkeit von Wills Hill, dem 1. Grafen von **Hillsborough**. Er war Vorsitzender des *Board of Trade* und frischgebackener Kolonialsekretär – letzteres Amt war 1768 gerade erst geschaffen worden, um der Situation in Amerika Herr zu werden. In der Absicht, die Kolonisten in ihre Schranken zu verweisen, schrieb Hillsborough im April seinerseits an alle kolonialen Lokalversammlungen und drohte ihnen mit Auflösung, sollten sie den Vorschlag aus Massachusetts annehmen. Gleichzeitig instruierte er bereits die königlichen Gouverneure, entsprechende Vorkehrungen zu treffen, sollten die Delegierten sich widersetzen. Mit seinem Verhalten erzielte Hillsborough jedoch keineswegs den erwünschten Effekt. Die interkoloniale Kooperation stand noch ganz am Anfang, und viele lokale Vertretungen wären vermutlich wenig geneigt gewesen, sich von Neuengland zu irgendetwas verleiten zu lassen, das möglicherweise ihren eigenen Interessen widersprach. Aber konfrontiert mit der erneuten Machtanmaßung des Mutterlandes verabschiedeten sie alle nach und nach Resolutionen, die das Rundschreiben der Schwesterkolonie bejahten.

Schon im Frühjahr 1768 hatten sich Massachusetts und New York darauf geeinigt, die Nicht-Import-Politik, die während der *Stamp Act*-Krise so erfolgreich gewesen war, wieder aufzunehmen und auszuweiten. Nach und nach folgten die anderen, und bis zum Mai 1769 hatten – mit Ausnahme New Hampshires – alle Kolonien vergleichbare Boykottabkommen unterzeichnet. Begleitet und unterstützt wurden diese Maßnahmen von immensen Anstrengungen zur Mobilisierung der gesamten Bevölkerung mit Hilfe von Pamphleten, Zeitungen, Reden und Predigten. Die Kampagnen waren vor allem darauf ausgerichtet, der Bevölkerung den **Nutzen des Boykotts** zu erklären, um ihre Bereitschaft zu steigern, auf vom Zoll betroffenen Güter wie etwa Tee, verarbeitete Stoffe, Farben und Kurzwaren zu verzichten. Alle sollten zur Sparsamkeit aufgerufen werden, damit die Vorräte möglichst lang vorhalten würden und man unabhängig von englischen Importen leben könne. Zusätzlich gab es Anregungen, Ersatz zu schaffen, etwa statt teurer importierter Stoffe und in England gefertigter Kleider, Handgenähtes aus selbst gewebten Materialien zu tragen. Diese Art des Protestes band erstmals Frauen in das politische Geschehen ein und verlieh der Bewegung damit eine gesellschaftliche Dimension, die weit reichende Folgen haben sollte. (Die Bedeutung dieser Erfahrung für die Frauen in den Kolonien wird in Kapitel 5 näher beleuchtet.)

Erstmals wurde in den Kolonien der Ruf nach eigenen Produktionsstätten und selbstständiger Nutzung des Rohstoffpotenzials laut. In dem Streben nach wirtschaftlicher Autarkie äußerte sich die veränderte Selbstwahrnehmung der Kolonien innerhalb des Empires. Damit ging eine immer stärkere Betonung des explizit Amerikanischen einher.

Radikalisierung und das *Boston „Massacre"*

Es herrschte nicht überall im amerikanischen Gebiet Einigkeit. Nicht nur untereinander, sondern auch innerhalb der einzelnen Kolonien gab es Differenzen. Gerade in ländlichen Regionen bildeten sich Gruppen, die versuchten, ihre Ziele mit Gewalt zu erreichen. Besonders entlang der Siedlungsgrenze und im Inland kam es zu Unruhen, die sich meist nicht direkt gegen England, sondern gegen die Dominanz der Eliten aus den östlichen Städten und Küstengegenden richteten. Wenn es um Repräsentation ging, so argumentierte man von Westen her, solle auch darauf geachtet werden, dass alle Regionen und gesellschaftlichen Schichten einer Kolonie gleichmäßig vertreten seien. Andere Anliegen betrafen Landpreise und -spekulationen sowie die Abwehr von Indianerangriffen, bei der sie sich oft von der Lokalversammlung im Stich gelassen fühlten. Eine solche Gruppierung waren beispielsweise die **Levellers**, die im Nord-Westen der Kolonie von New York lebten und gegen zu hohe Pachtpreise protestierten. Gewalttätiger waren die **Paxton Boys** in Pennsylvania, eine selbsternannte Schutztruppe, die auf brutalste Weise gegen Indianer vorging. Am zahlreichsten und am besten organisiert waren die **Regulators** in North Carolina. Sie hatten sich um 1768 formiert, um gewaltsam gegen Landspekulanten und korrupte Vertreter der Krone vorzugehen. Im Mai 1771 wurden sie von einer Armee des Gouverneurs vernichtend geschlagen. Sie zerstreuten sich und stellten sich zu Beginn der Revolution überwiegend auf die Seite der Patrioten. Die Aktivitäten dieser Freischärler hatten viele in der Bevölkerung verängstigt, und einige Historiker sehen darin einen Grund für den hohen Anteil an Loyalisten in den Carolinas. Man erinnerte sich dort, dass es der königliche Gouverneur gewesen war, der dem Terror ein Ende gesetzt hatte. Das Erbe dieser Auseinandersetzungen sollte während des Krieges wieder aufbrechen. In den Kriegswirren wurden alte Rechnungen aus jener Zeit wieder aktuell.

Von allen Kolonien war Massachusetts die radikalste. In der Hafenstadt Boston, die schon während der Unruhen gegen den *Stamp Act* Schauplatz heftiger Auseinandersetzungen gewesen war, wurde die Situation von Tag zu Tag gespannter. Wie im Townshend-Programm vorgesehen, war im März 1768 die speziell für Amerika verantwortliche Zollbehörde in Boston eingerichtet worden, und vom ersten Tag an waren ihre Vertreter mit extremen Anfeindungen konfrontiert. Die *Sons of Liberty* hatten so viel Zulauf, dass ihre Organisation immer weniger überschaubar, geschweige denn kontrollierbar wurde. Es kam zu einer extremen **Radikalisierung**. Einige der Mitglieder schreckten nicht länger davor zurück, zu Gewaltaktionen aufzurufen. Vor allem Zollbeamte, andere Vertreter der Krone und diejenigen, die den Boykottvereinbarungen nicht Folge leisteten, mussten damit rechnen, Ziel der Übergriffe zu werden. „Beschlagnahmung" oder Zerstörung ihres Eigentums waren gewalttätig und brutal. Häufig wurden Opfer geteert und gefedert, eine demütigende Folter.

Um die Unruhen in Boston unter Kontrolle zu bringen, wurden zwei **zusätzliche Regimenter** englischer Soldaten in die Stadt verlegt. Sie gingen am 1. Oktober 1768 von Bord, aber ihr Eintreffen heizte die

Stimmung nur weiter an. Die hohe Dichte an Uniformierten in den Straßen vermittelte vielen Einwohnern Bostons das Gefühl, in einer besetzten Stadt zu leben. Hinzu kam, dass der Sold im britischen Heer so gering war, dass die einfachen Soldaten versuchten, sich außerhalb ihrer Dienstzeiten beispielsweise als Hafenarbeiter ein Zubrot zu verdienen. Damit erhöhten sie den Konkurrenzdruck auf einem ohnehin ausgedünnten Arbeitsmarkt und drückten noch dazu die Löhne. Im Laufe des Jahres 1769 kam es immer wieder zu Schlägereien zwischen Arbeitern und Soldaten, und der Graben zwischen den beiden Gruppen wurde immer tiefer. Hutchinson, höchster ziviler Vertreter der Krone in der Stadt, beschrieb in einem Brief nach London eine aufs äußerste gespannte Situation, die jeden Moment zu eskalieren drohe.

In der ersten Märzwoche 1770 sollte sich seine dunkle Vorahnung bewahrheiten. Am 3. März hatte es wieder eine besonders große Schlägerei am Kai gegeben, wo einige Soldaten versucht hatten, bei einem Seiler Anstellung zu finden, und auch während des folgenden Wochenendes beruhigte sich die Atmosphäre nicht. Am 5. März konfrontierte eine größere Gruppe, vorwiegend Dockarbeiter, die englischen Soldaten, die vor dem Haus der Zollbehörde Wache standen. Als die Stimmung aggressiver wurde, forderte einer der Gefreiten Verstärkung an. Auch auf der Straße sammelten sich immer mehr Menschen. Bei winterlicher Witterung begannen sie zunächst Schneebälle, dann auch kleine Stücke Eis, Muschelschalen und Steine zu werfen. Captain Thomas Preston befahl seinen Männern, Ruhe zu bewahren, während aus der Menge provokative Rufe laut wurden, die Schüsse herausforderten. Von einem durch die Luft geworfenen Knüppel am Kopf getroffen, drückte einer der Soldaten ab. Im Affekt oder im Glauben, das Signal zum Feuern sei erfolgt, schossen auch seine Kameraden in die Menge. In den langen Minuten, die es dauerte, bis Preston die Situation wieder unter Kontrolle hatte, starben drei Kolonisten. Mehrere wurden schwer verwundet, von denen zwei am folgenden Tag ihren Verletzungen erlagen.

Der Schock über dieses Ereignis saß auf beiden Seiten tief. Die Soldaten wurden umgehend festgenommen. Es gelang jedoch, die Gemüter der Bostoner Bürger zu beruhigen und den Angeklagten einen fairen Prozess zu gewähren, nicht zuletzt weil sich mit John Adams ein angesehener Patriot auf ihre Seite stellte. Dieser junge Anwalt, der die Soldaten vertrat, argumentierte, eine sorgfältige, regelgerechte Verhandlung sei von höchster Wichtigkeit, um dem Mutterland zu beweisen, dass trotz aller Ausschweifung und Proteste in den Kolonien noch immer das Recht regiere. Das Urteil, das im Dezember 1769 gesprochen wurde, fiel milde aus. Sechs der Männer wurden freigesprochen und zwei wegen Totschlags verurteilt, was jedoch nur ihre Entlassung aus der Armee zur Folge hatte.

Die *Sons of Liberty* setzten eine regelrechte **Propagandakampagne** in Gang. Ihre Wortwahl, die aus dem traurigen Tod von fünf Kolonisten ein „Massaker" machte, hat sich bis in die heutigen Geschichtsbücher gehalten. Der Silberschmied Paul Revere fertigte einen Stich an, der als Druck überall in Massachusetts und darüber hinaus verteilt wurde. Er zeigte sieben englische Soldaten, Gewehr im Anschlag, hinter ihnen ihr Befehlshaber, den Säbel wie zum Schießbefehl gehoben. Sie feuern auf

Abb. 2: Paul Revere, „The Boston Massacre"

eine unbewaffnete Gruppe Zivilisten, von denen einige bereits blutend am Boden liegen. Die Botschaft war eindeutig (s. Abb. 2).

In der historischen Gesamtschau erhält das sogenannte *„Boston Massacre"* eine zusätzliche tragische Komponente: An eben jenem 5. März 1770 fiel in Westminster die Entscheidung zur Rücknahme der Townshend-Gesetze. Am 12. April 1770 wurden sie offiziell rückgängig gemacht, nur die Abgabe auf Tee blieb erhalten. Mit dieser Regelung konnten die meisten Kolonisten sich arrangieren – wenn auch widerwillig. Im Laufe des Jahres wurden die meisten Boykotte ausgesetzt. Der geregelte Ablauf und glimpfliche Ausgang des Prozesses gegen die Soldaten der Schießerei in Boston schien ebenfalls zu suggerieren, dass das Verhältnis zwischen Mutterland und Kolonien wieder auf dem Weg zur Normalität war. Trotzdem blieben die Truppen vor Ort, und die lokalen Versammlungen, die im Auftrag Hillsboroughs 1768 / 69 aufgelöst worden waren, durften ihre Arbeit nicht wieder aufnehmen. Die *Sons of Liberty* ergriffen Maßnahmen, um die fehlende lokale Administration zu ersetzen. Im September 1771 gründeten sie in der Bostoner Stadtversammlung ein **Committee of Correspondence** [Korrespondenzkomitee]. Ziel sollte es sein, mit den munizipalen Vertretern anderer Regionen in Massachusetts in Kontakt zu bleiben, auch wenn eine übergeordnete Institution wie die Kolonialversammlung nicht mehr existierte. In anderen Kolonien leiteten die örtlichen Verbände der *Sons of Liberty* ähnliche Schritte ein. Aus Virginia, wo sich nach der Auflösung des *House of Burgesses* ein beträchtlicher Teil der Abgeordneten weiterhin heimlich in einem Wirtshaus getroffen hatte, kam im März 1772 der Vorschlag, ein *Committee of Correspondence* für jede Kolonie zu schaffen, um die Kommunikation untereinander zu erleichtern. Die Einrichtung dieser Ausschüsse legte die entscheidende Grundlage für die administrative Infrastruktur und interkoloniale Vernetzung, die im späteren Verlauf der Revolution unabdinglich wurde.

Boston *„Tea Party"*

Graf Grafton war im Zuge einer Krise im Verhältnis zu Spanien und nach Angriffen aus den eigenen Reihen Ende 1769 von seiner Funktion als De-facto-Premierminister zurückgetreten. Seit 1770 hatte Frederick North die Regierungsgeschäfte übernommen. Mit dem neuen Kabinett verlagerte sich auch die parteipolitische Gewichtung im Parlament. So zerstritten sie auch gewesen waren, hatten in den Jahren zuvor die *Whigs* dominiert. Mit Lord North kamen die *Tories* an die Macht, die, wie sich bald zeigen sollte, eine rücksichtslosere Politik gegenüber den amerikanischen Kolonien verfolgten.

Anfang 1773 hatte Großbritannien ein Problem am anderen Ende seines Empires. Die **East India Company** war in finanzielle Schwierigkeiten geraten. Abgesehen von wirtschaftlichen Gründen und persönlichen Motiven – viele Mitglieder des Parlaments waren durch Aktien beteiligt – hatte Westminster auch ein politisches Interesse an der Rettung des Unternehmens. Die *East India Company* hatte in einigen Regionen auf dem Subkontinent Quasi-Regierungsaufgaben übernommen, die mit einem umfangreichen administrativen Apparat einhergingen, der nicht von London aus finanziert werden musste und dennoch die Gebiete ins Empire einband.

Um der *East India Company* den Absatzmarkt in den amerikanischen Kolonien zu sichern, verabschiedete das englische Parlament am 10. Mai 1773 ein neues Teegesetz. Dieser **Tea Act** ermöglichte es, Tee direkt nach Amerika zu exportieren, ohne vorher in England doppelt Einfuhrzölle zahlen zu müssen, wie es zuvor unter den Navigationsgesetzen vorgeschrieben war. Damit wurde der direkt eingeführte Tee in den Kolonien so billig, dass er selbst die Preise der Schmuggler unterbot. Gleichzeitig fiel, dank Direktkommissionen für den Verkauf von *East India*-Tee, der Mittelsmann weg, und der Preis konnte noch weiter gedrückt werden. Die Hoffnung, damit die Amerikaner zum Kauf zu animieren, erfüllte sich jedoch nicht. Die letzte Steuer, die aus dem Townshend-Programm übrig geblieben war, betraf Tee und war den Kolonisten nach wie vor ein Dorn im Auge, auch wenn viele sie akzeptiert hatten.

Die Agitation der *Sons of Liberty* richtete sich weiterhin insbesondere gegen die Teesteuer. Vereinzelte Gewaltausbrüche, die auch während der ruhigeren Jahre zwischen 1770 und 1773 vorkamen, trafen fast immer Zollbeamte. Als die neuen Regelungen zum Teehandel bekannt wurden, sahen die Amerikaner darin einen erneuten Eingriff in ihre Souveränität. Ähnlich wie die Steuereintreiber während der Stempelgesetzunruhen wurden Kaufleute, die eine Handelskommission für den Tee der *East India Company* erhalten hatten, Opfer von Übergriffen, so dass die meisten ihr Privileg wieder aufgaben. Im Sommer 1773 erreichten die ersten Teeschiffe amerikanische Häfen, aber keines konnte seine Fracht entladen, alle mussten wieder umkehren. Nur in Charleston, South Carolina brachte man die Ware von Bord, Vertreter des lokalen *Committee of Correspondence* beschlagnahmte sie jedoch umgehend.

In Boston lieferten sich Ende 1773 die Stadtversammlung unter Samuel Adams und der britische Statthalter Thomas Hutchinson ein Kräftemessen. Im November liefen drei große Teeschiffe, die *Dartmouth*, die *Beaver* und die *Eleanor*, im Hafen von Boston ein. Die Stadtversammlung verbot ihnen, ihre Fracht anzulanden, andererseits aber genehmigte Hutchinson ihnen nicht umzukehren. Keine Seite lenkte ein, die Kapitäne der Schiffe waren machtlos, und die Dreiwochenfrist, innerhalb der sie ihre Ware von Bord hätten bringen müssen, lief langsam ab. Am 12. Dezember 1773 beriet die Stadtversammlung ein letztes Mal über ihre Möglichkeiten, blieb aber bei ihrer Entscheidung, die Annahme des Tees zu verweigern. In derselben Nacht schlichen sich zwischen 50 und 100 Handwerker und Kleinkaufleute – angeführt von als *Mohawk*-Indianer verkleideten *Sons of Liberty* – auf die Schiffe. Sie warfen sämtliche Kisten über Bord und zerstörten damit Tee im Wert von gut 10.000 britischen Pfund, was heute etwa 700.000 Euro entspräche. Lord North war außer sich und wollte umgehend die Täter des Hochverrats anklagen lassen, was jedoch nicht gelang – nicht zuletzt weil die Anführer nicht genau auszumachen waren. Nach dieser Aktion wandte sich aber die Öffentlichkeit in England endgültig gegen die amerikanischen Siedler – oder, wie es bald hieß, die amerikanischen Rebellen.

Die Aktion fand heimlich statt, und auch wenn sich einige zusätzliche Demonstranten am Kai versammelt hatten, ist die später oft übliche Darstellung von jubelnden Massen nicht korrekt. Zu jenem Zeitpunkt hießen auch keineswegs alle Patrioten die Aktion gut. Die Vertreter der Oberschicht und oberen Mittelschicht hegten ähnliche Vorbehalte wie gegen die Übergriffe während der *Stamp Act*-Unruhen. Die Zerstörung persönlichen Eigentums erschien ihnen zu radikal, sie fürchteten die Konsequenzen aus London und mehr noch die Ahnung sozialer Umwälzung, die in derartigen Aktionen mitschwang und ihre elitäre Position bedrohte.

2

Der Weg zur Unabhängigkeit

Nach der Boston Tea Party 1773 hielten die englischen *Whigs* ihre letzten leidenschaftlichen Reden zu Gunsten der Amerikaner, bis sie geschwächt durch innere Zwistigkeiten jeden realen Einfluss verloren. Die Regierung in London begann militärische Schritte einzuleiten, um die Amerikaner unter Kontrolle zu bringen. Es kristallisierte sich heraus, dass nur eine Unterwerfung der aufständischen Kolonien in Frage käme – wenn nötig auch mit Gewalt. Auf beiden Seiten des Atlantiks begann sich eine mögliche Unabhängigkeit der amerikanischen Kolonien abzuzeichnen. Englische Politiker verschiedener Parteiungen sprachen dies sogar bereits 1773 offen aus, als in den Kolonien noch niemand an offizieller Stelle gewagt hätte, laut in diese Richtung zu denken. Trotzdem liefen in Amerika die administrativen und militärischen Vorbereitungen für einen möglichen Krieg und für einen eigenständigen Staat an. Eine interkoloniale Vernetzung verdichtete sich, die später für das Gelingen der amerikanischen Sache entscheidend sein sollte.

Abb. 3: John Trumbull, Die Unterzeichnung der Unabhängigkeitserklärung

ZEITTAFEL	
1774	
Frühjahr	*Coercive Acts*
5. September	Der erste Kontinentalkongress tritt zusammen (bis 26. Oktober)
1775	
18./19. April	Schlacht bei Lexington und Concord
9. Mai	Eroberung von Fort Ticonderoga
10. Mai	Der zweite Kontinentalkongress tritt zusammen
15. Juni	George Washington wird Befehlshaber der neuen Kontinentalarmee
17. Juni	Schlacht bei Bunker Hill
22. Dezember	*Prohibitory Act*
1776	
10. Januar	„*Common Sense*" erscheint
2. Juli	Resolution zur Unabhängigkeit verabschiedet
4. Juli	Unabhängigkeitserklärung veröffentlicht

Zeitfaktor

Hätte dem ersten Kontinentalkongress ein rotes Telefon nach London zur Verfügung gestanden, wäre die Krise möglicherweise nach drei Tagen statt nach drei Jahren beendet gewesen. Die durch die Atlantiküberquerungen bedingte Langsamkeit des Nachrichtenflusses entschied mit über den Lauf der Ereignisse. Es konnte mehrere Monate dauern, bis eine Entscheidung des englischen Parlaments in den Kolonien eintraf, ebenso lange waren Petitionen der Siedler etwa an Georg III. unterwegs. Das politische Leben aber lief weiter, und so kam es nicht nur zu heute erstaunlich wirkenden Gleichzeitigkeiten, sondern auch zu monatelangen Phasen der Ungewissheit. Wenn die Zeit drängte, mussten Entscheidungen auf der Grundlage von Gerüchten oder unvollständigen Informationen getroffen werden.

Andererseits waren diese Jahre des Abwägens und Diskutierens, des Organisierens und Vorbereitens für die Kolonien überaus wichtig, um die notwendige Einheit zu schaffen. Die Unterschiede in Geschichte, Geographie und gesellschaftlicher Zusammensetzung bedeuteten auch Differenzen in den vorherrschenden Interessen, dem Selbstverständnis und den Zukunftsvorstellungen, was das Verhältnis zu Großbritannien anging. John Adams verglich die diplomatische Herausforderung der Verhandlungen im Kontinentalkongress mit der Schwierigkeit, 13 Uhren genau im gleichen Moment schlagen zu lassen.

Coercive Acts

Als die Nachricht von der „Zerstörung des Tees im Hafen von Boston", wie die *Boston Tea Party* damals noch offiziell hieß, im Frühjahr 1774 London erreichte, reagierte das Parlament unverzüglich mit einer Reihe von harschen Gesetzen, den sogenannten *Coercive Acts* (von „coercive" = „jemandem den Willen beugen"). Schon ihre Bezeichnung deutet darauf hin, dass sie einer direkten Bestrafung für die Unruhen in Amerika gleich kamen. Zu diesen Bestimmungen gehörte der ***Boston Port Act***, der den Hafen von Boston weitestgehend abriegelte und damit praktisch stilllegte, sowie der ***Massachusetts Government Act***, der die Kolonialcharta von Massachusetts aus dem Jahre 1692 dahingehend änderte, dass den lokalen Versammlungen jegliche Art von Selbstregierung entzogen wurde. Besonders diese beiden Gesetze richteten sich klar gegen Boston und die Kolonie von Massachusetts. Aber bei diesen Bestimmungen blieb es nicht.

Es folgte der ***Administration of Justice Act***. Damit wurde es möglich, eines Kapitalverbrechens oder des Verrats angeklagte Bewohner der Kolonien in London oder überall im Britischen Empire vor Gericht zu stellen und sie der lokalen Rechtsprechung zu entziehen. Das Gesetz half vor allem den Vertretern der englischen Krone in den Kolonien, denn sie brauchten nicht länger den Konflikt mit den Judikativen vor Ort zu fürchten, die ihre Autorität auszuspielen wussten. In der Konsequenz jedoch verspürten diese Steuereintreiber und andere königliche Beamte bei ihren Aufgaben nun weniger Skrupel und waren wenn nötig eher bereit, Gewalt anzuwenden. Zusätzlich bedeutete diese neue Regulierung der Gerichtsbarkeit ein gesteigertes Risiko für die Anführer des

Widerstandes, die sich offen gegen die englische Regierung aussprachen und sich damit des Verrats schuldig machten. Während sie in den Kolonien mit einem milden Urteil der Geschworenen rechnen konnten, weil die Grundstimmung in der Bevölkerung ebenfalls dem Mutterland gegenüber kritisch war, würde ein Londoner Gericht zweifellos anders entscheiden. Ganz abgesehen davon, bedeutete die Verlagerung der Rechtsprechung einen weiteren Machtverlust für die lokalen Regierungsversammlungen.

Der *Quartering Act* bestimmte, dass in den Kolonien stationierte Soldaten der englischen Armee – und es wurden nun immer mehr – nicht ausschließlich in den oft weit außerhalb liegenden militärischen Baracken untergebracht werden mussten, sondern auch in zivilen Unterkünften überall in der Stadt Quartier beziehen konnten. Dies hatte den Vorteil, dass sie mehr Präsenz zeigen und näher am Unruheherd aufgestellt werden konnten. Die Bewohner der Kolonien empfanden derartige Truppenbewegungen als Bedrohung und als Provokation.

Das letzte Gesetz in dieser Reihe war der *Quebec Act*, in dem ein großer Teil des Ohiogebietes, das etwa die Region der heutigen Staaten Ohio, Illinois, Wisconsin, Michigan und Indiana umfasste, der kanadischen Provinz Quebec zugesprochen wurde. Zwei Aspekte dieser Regelung erzürnten die Kolonisten besonders: Es blockierte den bereits beginnende Siedlerfluss gen Westen. Noch mehr Empörung aber verursachte die Stärkung des katholischen Glaubens. Lange hatten die Katholiken in diesen einst französischen Gebieten unter strengen Auflagen und Beschränkungen gelitten, die nun sowohl für Quebec als auch für das Ohiogebiet aufgehoben wurden. Die protestantischen Siedler der 13 Kolonien fühlten sich durch diese Förderung des „Papismus" nicht nur provoziert, sondern auch in ihrer religiösen Unabhängigkeit bedroht.

Damit war eine beachtliche Anzahl an Bestimmungen erlassen worden, mit denen die Regierung in London ihre Macht demonstrieren, bekräftigen und behaupten wollte. Letztendlich war der Effekt eher gegenteilig. Für viele Amerikaner, nicht nur in Massachusetts, waren diese Gesetze „*Intolerable Acts*", das letzte noch fehlende Indiz dafür, dass in Großbritannien kein ernsthaftes Interesse an Verhandlungen und Versöhnung bestand.

Der erste Kontinentalkongress

Der Vorschlag einer kolonieübergreifenden Versammlung, ähnlich dem
Stamp Act Congress neun Jahre zuvor, erntete nicht sofort einstimmigen
Beifall. Von beiden Enden des Meinungsspektrums kam Widerspruch.
Die radikaleren unter den Patrioten, besonders in den revolutionären
Zentren von Massachusetts, waren skeptisch, ob eine politische Institution von dieser Größe in der Lage sein würde, schnell und entschieden
zu handeln. Sie fürchteten außerdem, dass angesichts vielfältiger Interessen in einer solchen Versammlung nur gemäßigte Kompromisse möglich wären. Stimmen auf der anderen Seite hielten einen Kongress ebenfalls für bedenklich. Die Einberufung einer solchen Versammlung,
argumentierten sie, müsse von Großbritannien zweifellos als letzte Provokation gesehen werden. Eine militärische Reaktion sei dann nicht
mehr abzuwenden. Diese Sichtweise herrschte besonders in den großen
und damit sehr einflussreichen mittelatlantischen Staaten wie Pennsylvania und New York vor. Hier dominierten Großkaufleute, die ihre profitable Position im Handelsnetzwerk des Empires nicht leichthin aufge-
ben wollten.

Letztendlich aber setzten sich die Befürworter eines **Kontinentalkongresses** durch. Die Angst vor einem möglichen Krieg mit England
war dabei durchaus ein Faktor, denn für den Fall einer militärischen
Auseinandersetzung war es wichtig, die Einheit der Kolonien zu gewährleisten und zu erhalten. Gleichzeitig bestand weiterhin die Hoffnung, dass eine ‚nationale' Versammlung mehr Einfluss und Gewicht in
den Verhandlungen mit dem Mutterland haben würde und so doch
noch eine friedliche Lösung gefunden werden könnte.

Für die kleineren Kolonien wie New Jersey oder Rhode Island hatte ein
interkoloniales Forum außerdem den Vorteil, dass sie sich des Beitrags
aller anderen Kolonien sicher sein konnten, bevor sie sich selbst für eine
Protestaktion entschieden. Gerade bei den verschiedenen Arten des wirtschaftlichen Boykotts konnte es verheerend sein, wenn eine Nachbarkolo-
nie sich nicht beteiligte und von dem Boykott der anderen profitierte.

Über die *Committees of Correspondence* waren im Sommer 1774 die
Lokalversammlungen der einzelnen Kolonien aufgefordert worden,
Delegierte für einen „Grand Congress" zu wählen, und **am 5. September 1774 trat in Philadelphia der Kontinentalkongress erstmals zusammen**. Zunächst musste noch ein Wirtshaus als Versammlungsort
dienen, aber bald konnten die Abgeordneten in die *Carpenter's Hall*,
das gerade neu gebaute Gebäude einer Handwerkerzunft, umziehen.

56 Vertreter aus zwölf Kolonien trafen nach und nach ein – nur selten waren jedoch alle gleichzeitig anwesend. Georgia, die jüngste Kolonie, hatte zu diesem Kongress noch niemanden entsandt. Sie lag an der Siedlungsgrenze mit Indianern in Konflikt und benötigte dort die militärische Unterstützung des Mutterlandes, so dass man vorsichtig war, keine falschen Signale nach London zu senden.

Die meisten **Delegierten** hatten zwar bereits Erfahrung in politischen Angelegenheiten, weil sie in ihrer Heimat in den Lokalversammlungen gesessen oder andere öffentliche Ämter bekleidet hatten, die wenigsten jedoch waren über die Grenzen ihrer eigenen Kolonie hinaus bekannt, geschweige denn selbst zuvor in andere Kolonien gereist. Die ersten Treffen des Kongresses dienten der Festlegung von Sitzungsmodalitäten, aber auch dem Versuch, die anderen Vertreter einzuschätzen. Einer der ersten wichtigen Beschlüsse betraf die Geheimhaltung aller Inhalte, um mögliche Zwistigkeiten vor Großbritannien zu verbergen und gleichzeitig in den Kolonien die Einigkeit zu bewahren und zu stärken. Erste Diskussionen gab es um den **Wahlmodus**, der letztendlich zu Gunsten der kleineren Kolonien eine Stimme pro Delegation vorsah.

Bald wurde deutlich, dass sich **zwei Grundeinstellungen** gegenüberstanden. Zu diesem Zeitpunkt forderte noch niemand öffentlich die völlige Unabhängigkeit, selbst eine Erwähnung in privaten Gesprächen „erschreckt die Leute hier" schrieb John Adams im September 1774 an einen Freund. Auf der einen Seite wiesen die Radikaleren, angeführt von Samuel Adams und der Abordnung von Massachusetts, darauf hin, dass eine friedliche Lösung kaum noch denkbar sei. Sie riefen daher immer wieder dazu auf, die lokalen Milizen in Bereitschaft zu versetzen. Vor allem aber forderten sie einen alle Kolonien umfassenden, strengen und effektiven Boykott des Handels mit Großbritannien – sowohl Ex- als auch Import. Die Vertreter der Kolonien im Süden waren zögerlicher. Hier war Tabak, Indigo und Reis bereits auf den Feldern. Wollte man keine Verluste verbuchen, war man auf den Handel mit dem Mutterland angewiesen. Sie hofften noch immer auf Verhandlungen und hegten außerdem die nicht unberechtigte Sorge, dass ein Krieg gegen die damals größte Streitmacht der Welt kaum zu gewinnen sei.

Einigkeit herrschte darüber, dass gegen die *Coercive Acts* Einspruch eingelegt werden müsse. Besonders die Veränderung der kolonialen Charta von Massachusetts versetzte auch die anderen Regionen in Sorge. Wer konnte ihnen garantieren, dass die englische Regierung nicht nach Belieben auch ihre Siedlungsverträge ändern würde? Damit hatten die Bewohner von Massachusetts die einhellige Unterstützung, die für sie wichtig war. Schon im Januar hatte George Washington nach Hause geschrieben: „Die Sache Bostons […] ist und wird immer auch die Sache Amerikas sein." In diesem Sinne setzte der Kongress eine **Erklärung** auf, die zunächst die **Rechte der amerikanischen Kolonisten** auflistete, die ihnen „durch die unveränderlichen Gesetze der Natur, die Prinzipien der englischen Verfassung und mehrere Chartas und Verträge" zustanden. Dazu gehörten Versammlungsrecht, Selbstverwaltung und Beteiligung am legislativen Prozess. Der zweite Teil des Dokuments legte minutiös dar, auf welche Weise die kürzlich im englischen Parlament verabschiedeten Gesetze diese Rechte verletzten und untergruben.

In einem Vertrag, der *Continental Association* [Kontinentalvereinigung], einigte man sich außerdem auf eine Regelung für den **Boykott** und beschloss, unverzüglich Importbeschränkungen für britische Waren in Kraft treten zu lassen. Mit dem Verbot des Exports wollte man aber bis zum folgenden Herbst warten, um die Vermarktung der bereits gepflanzten Produkte nicht zu gefährden. Begleitet wurden diese Bestimmungen von Aufrufen zu Sparsamkeit und Selbstversorgung, um wirtschaftlich möglichst unabhängig agieren zu können.

Zusätzlich wurden neben den bereits bestehenden *Committees of Correspondence* nun sogenannte **Committees of Inspection** [Inspektionskomitees] gegründet, die eine korrekte Einhaltung der Boykottmaßnahmen überwachen sollten. Die Einrichtung dieser Gremien erweist sich im Rückblick als die wichtigste Entscheidung des ersten Kontinentalkongresses. Auf diese Weise wurde eine beachtliche Zahl an zusätzlichen Kolonisten rekrutiert, aktiv an den Entwicklungen beteiligt und in die Revolution eingebunden. Die Komitees bildeten einen bedeutenden Schritt auf dem Weg zur Unabhängigkeit, da mit ihnen erstmals ein ausführendes (exekutives) Instrument geschaffen war, das die Bestimmungen eines interkolonialen – nationalen – Kongresses umsetzte. Zu Beginn erfüllten die Komitees verschiedene Aufgaben wie die Kontrolle von Schiffsladungen, die Sammlung von Unterschriften zu Gunsten des Kontinentalkongresses und seiner Resolutionen oder die Verfolgung von zur Anzeige gebrachtem Teetrinken. Im weiteren Verlauf der Revolution waren sie unentbehrlich für die administrative Ordnung auf lokaler Ebene und später sogar befugt, Steuern einzutreiben und Soldaten zu rekrutieren. Anderseits zeigte sich in den Aktionen der Komitees, mehr noch als sie später zu den sogenannten **Committees of Safety** [Sicherheitskomitees] wurden, die Radikalisierung der gesamten Bewegung. Sie unterschieden in ihrem Umgang mit der Bevölkerung erstmals explizit zwischen Patrioten und Loyalisten. „Soziale Ausgrenzung" wurde zu einer offiziellen Strafe bei Nichtbefolgung des Boykotts, und ab Winter 1774/75 wurden in einigen Provinzen bereits Treueide verlangt.

Bevor der Kongress am 26. Oktober auseinander ging, wurde als Zugeständnis an die moderatere Fraktion noch eine Petition an König Georg III. verfasst. War man doch noch immer der Ansicht, dass die Schuld nicht bei dem Monarchen selbst, sondern bei seinen Beratern und dem intriganten und machthungrigen Parlament zu suchen sei. Gleichzeitig aber wurden alle Kolonien aufgefordert, ihre Miliz aufzustocken und auszubilden. Abschließend wurde eine **erneute Zusammenkunft** für den folgenden Mai angesetzt – sollte Großbritannien bis dahin nicht eingelenkt haben.

Kontinentalkongress (Continental Congress)

„Kontinentalkongress" nannte sich die interkoloniale Versammlung in Philadelphia, bei der sich die Vertreter der 13 nordamerikanischen Kolonien trafen (nur Georgia war beim 1. Treffen nicht dabei), um über ein gemeinsames Vorgehen im Konflikt mit Großbritannien zu beraten. Der erste Kontinentalkongress (5. September – 26. Oktober 1774) verabschiedete hauptsächlich eine einheitliche Wirtschaftspolitik bzw. den Handelsboykott gegenüber Großbritannien. Der zweite Kontinentalkongress (10. Mai 1775 – 1. März 1783) bildete die Regierung der vereinigten Kolonien bis zum Inkrafttreten der *Articles of Confederation*, die ebenso wie zuvor die Unabhängigkeitserklärung in diesem Gremium erarbeitet wurden.

Kriegerische Auseinandersetzungen

Die heftigen Reaktionen auf die *Coercive Acts* hatten General William Gage, den neuen Gouverneur von Massachusetts, im November 1774 dazu veranlasst, seinen Vorgesetzten in England anzutragen, die Ausführung dieser Gesetze vorübergehend auszusetzen. In London aber war man entschlossen, eine harte Hand zu zeigen. Mitte Februar 1775 erklärte das Parlament, dass sich die Kolonie von Massachusetts in offener Rebellion befände, und schon im Januar hatte der für die Kolonien verantwortliche Minister Lord Dartmouth **militärische Instruktionen** an General Gage nach Boston gesandt. Gleichzeitig bot die Regierung unter Lord North verschiedenen Kolonien besonders im Süden separate

Verhandlungen an. Mit dieser Strategie hoffte man, die wirtschaftlichen Interessen dieser Kolonien anzusprechen und einen Keil zwischen den politisch radikaleren Norden und den stärker von ökonomischen Interessen geleiteten Süden zu treiben. Hier zeigten sich nun die Vorteile der einenden, interkolonialen Versammlung. Die Kooperation stellte sicher, dass keine Einzelabsprachen mit England getroffen wurden, die die Einheit der Kolonien geschwächt hätten.

Der Erste Kontinentalkongress hatte den Delegierten aus Massachusetts für den Fall eines britischen Angriffs die Unterstützung aller anderen Kolonien zugesichert. Im Gegenzug allerdings hatten sie sich verpflichten müssen, selbst Ruhe zu bewahren und von jeder Handlung abzusehen, die als Aggression ausgelegt werden könnte. Diese Abmachung sollte nur wenige Monate darauf von zentraler Bedeutung sein.

Im April erreichten die vier Monate zuvor abgeschickten militärischen Instruktionen von Lord Dartmouth Gouverneur Gage in Boston. Sein Vorschlag, die *Coercive Acts* auszusetzen, war abgelehnt worden. Stattdessen wurde er aufgefordert, mit Hilfe der ihm in Massachusetts zur Verfügung stehenden Truppen nach Möglichkeit einige der Anführer der Aufständischen zu verhaften, vor allem aber die Macht und die militärische Überlegenheit des Mutterlandes zu demonstrieren. Die genauen Details überließ Dartmouth seinem Kollegen vor Ort. Seit einiger Zeit waren die **militärischen Vorbereitungen der Amerikaner** – fast schon provokativ – in aller Öffentlichkeit erkennbar. Die lokalen Milizen exerzierten auf den Gemeindewiesen, Gerüchte über Pulvervorräten und Waffendepots verdichteten sich, und täglich wurden mehr Freiwillige rekrutiert. Gage entschied daher, dass es am wichtigsten sei, die Kolonisten im militärischen Bereich zu schwächen. Durch Informanten erfuhr er von einem Waffenlager in **Concord**, knapp 30 km von Boston entfernt.

Die britischen Truppen setzten sich am späten Abend des 18. April 1775 in Bewegung. Die Kolonisten in und um Boston, die seit Monaten mit einer Aktion dieser Art rechneten, waren ständig in Alarmbereitschaft. Die englischen Soldaten hatten die Stadt noch nicht verlassen, als mit Hilfe eines effektiv organisierten und weit gespannten Netzes von berittenen Kurieren unverzüglich begonnen wurde, die gesamte Gegend zu alarmieren. Der bekannteste dieser Reiter war **Paul Revere**, der als Hauptfigur einer Heldenballade des amerikanischen Dichters Henry Wensworth Longfellow zu einem Mythos wurde.

Dank der frühzeitigen Vorwarnung konnten auch die Freiwilligen der verschiedenen Milizen in Bereitschaft versetzt werden und standen zur Verteidigung der Region bereit. Gegen halb fünf am Morgen des folgenden Tages trafen die „*Redcoats*" [Rotröcke] oder „*Lobsterbacks*" [Hummerrücken], wie die englischen Truppen auf Grund ihrer roten Uniformen von den Kolonisten abschätzig genannt wurden, in **Lexington**, etwa auf halber Strecke zwischen Boston und Concord, erstmals auf eine Einheit der lokalen Miliz. Es war eine kleine Truppe, nicht mehr als 60 Mann, zum größten Teil Bauern und Handwerker. Einige der älteren unter ihnen hatten vielleicht noch Erfahrungen aus dem Siebenjährigen Krieg, aber um professionelle Soldaten handelte es sich nicht. Nach einem kurzen verbalen Schlagabtausch zwischen den Kommandierenden folgten einige Minuten – vielleicht auch nur Sekunden – gereizter Nervosität. Dann löste sich ein Schuss.

Die genauen Umstände dieses **ersten Schusses** lassen sich nicht mehr rekonstruieren. Es ist nicht einmal sicher, ob er absichtlich oder aus Versehen fiel, geschweige denn aus welcher Richtung er kam. In ihrer Anspannung reagierten die Männer auf beiden Seiten unverzüglich und feuerten. Die Briten gewannen schnell die Oberhand. Als sie knapp zwei Stunden später ihren Marsch nach Concord fortsetzten, hatten sie gerade mal einen Verletzten zu beklagen. Acht Kolonisten waren tot.

Ebenso wie in Lexington waren auch die Bürger von Concord bereits gewarnt und vorbereitet. Allerdings ließen sie die Briten zunächst gewähren. Die **Waffenlager**, die das Ziel der Unternehmung bildeten, hatte man ohnehin zum größten Teil geräumt. Im Laufe des Morgens zerstörten die englischen Soldaten das, was sie an Munition noch finden konnten. Am Rande der Stadt versammelten sich bewaffnete Kolonisten aus der Umgebung. Langsam bewegten sie sich ins Zentrum, und am späten Vormittag kam es an einem Brückenkopf, ähnlich wie wenige Stunden zuvor in Lexington, zu einer blutigen Auseinandersetzung. Den Kolonisten fehlte die Struktur und Ausbildung einer professionellen Armee. Die Briten hingegen hatten ihre Gegner, die inzwischen in der Überzahl waren, eindeutig unterschätzt und waren von dem kämpferischen Potenzial, das sich ihnen entgegenstellte, überrascht. Dieses Mal gab es auf beiden Seiten Todesopfer. Zwar konnten die englischen Truppen ihre Stellung an der Brücke letztendlich behaupten, sie hatten jedoch nicht mit der Situation gerechnet, die sie auf dem Weg zurück in ihre Quartiere erwartete. **Entlang der Straße von Concord** nach Boston hatten sich unzählige Freiwillige der Miliz aus umliegenden Ortschaften positioniert. In Lexington hatte sich die Miliz neu gruppiert und war in den Stunden seit den ersten Schüssen auf fast das Doppelte angewachsen. Aus Verstecken heraus eröffnete sie das Feuer. Bis die Briten abends

Boston erreichten, hatten sie beträchtliche Verluste zu beklagen. Die als Machtdemonstration des Mutterlandes geplante Unternehmung brachte zahlreiche Todesopfer – sie war keineswegs ein eindeutiges Zeichen von Überlegenheit.

Samuel Adams soll, als er von den Ereignissen in Lexington und Concord erfuhr, ausgerufen haben: „Es ist ein wunderbarer Tag". Solche Legenden können kaum verifiziert werden, aber dennoch lassen sie auf Stimmungen und Tendenzen schließen. Die zynisch klingende Reaktion war dem aufgeheizten Klima geschuldet, in dem diese Eskalation für die radikaleren Amerikaner eine Art Befreiung war. Die lange Zeit der Anspannung hatte den Patrioten viel abverlangt, mussten sie doch trotz Provokation jede kämpferische Aktivität unterdrücken, um keinesfalls als Aggressor zu gelten. Sie hatten alle Hoffnung darauf gesetzt, dass die Briten die Nerven verlieren und angreifen würden. Jetzt stand **Massachusetts als Opfer** da, und die anderen Kolonien mussten ihr Versprechen aus dem ersten Kontinentalkongress einlösen und ihnen beim Kampf gegen die Unterdrücker zur Hilfe eilen.

Bereits einige Wochen zuvor hatte Patrick Henry seinen Zuhörern in der Lokalversammlung von Virginia, knapp 900 km von Boston entfernt, erklärt: „Der Krieg hat tatsächlich begonnen, der nächste Sturm aus dem Norden wird unsere Ohren das Getöse von Waffen vernehmen lassen". Seine Forderung war es, schon jetzt Truppen in Richtung Neu-England zu senden. Er kleidete sein Anliegen in eindringliche Worte, die rasch Berühmtheit erlangen sollten. Sein leidenschaftlicher Schlussappell sollte im weiteren Verlauf des Unabhängigkeitskrieges und selbst in den späteren Revolutionen Europas und Lateinamerikas auf Fahnen und Schärpen, auf Bannern und Plakaten zu lesen sein: „Gebt mir die Freiheit oder gebt mir den Tod!"

Der Zweite Kontinentalkongress

Als sich Mitte April 1775 die Soldaten der britischen Armee in Lexington und Concord ihren ersten Schusswechsel mit den Amerikanern lieferten, trafen in allen dreizehn Kolonien Delegierte Reisevorbereitungen um, wie verabredet, Anfang Mai zum **Zweiten Kontinentalkongress** in Philadelphia zu sein. Die jüngsten Ereignisse wirkten sich auch auf die **politische Stimmung** im Kongress aus, so dass die radikalere Fraktion beträchtlichen Zulauf erhielt. Gut 50 der 65 Delegierten waren schon beim ersten Kontinentalkongress im Jahr zuvor dabei gewesen.

Für viele, die noch beim vorherigen Treffen gezögert hatten, sich dem Mutterland entgegenzustellen, waren die „Angriffe auf die Freiheit" – denn als solche wurde das militärischen Gebaren der Briten gesehen – der Tropfen, der das Fass zum Überlaufen brachte.

Trotzdem blieb die überwältigende Mehrheit unter der Führung von John Dickinson darauf ausgerichtet, letztendlich in den Schoß des Empire zurückzukehren. Zwar bestand man auf den Bedingungen, die der erste Kontinentalkongress ausgegeben hatte, und war auch bereit, für sie zu kämpfen, aber ein endgültiger Bruch mit dem Mutterland kam nicht in Frage. Für diese Einstellung gab es verschiedene Motivationen. Die großen, gut verdienenden Kaufleute der mittelatlantischen Kolonien und der Handelszentren Neu-Englands, aber auch die Pflanzeraristokratie des Südens waren noch immer nicht bereit, ihre Stellung im Empire aufzugeben, auch wenn viele angesichts der neuen Entwicklungen zumindest vorübergehend zu Opfern bereit waren. Zusätzlich fürchtete die regierende Elite, dass eine Loslösung von Großbritannien auch die soziale Ordnung ins Wanken bringen würde. Selbst diejenigen, die eine Unabhängigkeit nicht mehr gänzlich ausschlossen, sollte sich keine andere Lösung finden, teilten mit Blick auf die Gefahren gesellschaftlicher Unruhen die Sorge ihrer Kollegen.

Keine der beiden Fraktionen konnte als einheitliche Partei gelten, zu vielschichtig waren die Interessen, zu wechselhaft die Meinungen. Die unklare politische und militärische Situation verursachte Unsicherheit. Der Krieg hatte begonnen – wenn er auch nicht offiziell erklärt worden war – aber wer genau war der Feind? König Georg III. galt noch immer als legitimes Staatsoberhaupt. Wie konnte man ihn in Trinksprüchen hochleben lassen und seine Soldaten bekämpfen? Lange Zeit behalf man sich mit einer Sprachregelung, die von „*Ministerial Troops*" sprach und die englischen Soldaten dem vermeintlich korrupten Parlament und den regierenden Ministern zuordnete. Aber es blieb schwierig, sich gegen alles Englische zu richten. Gehörten doch die von der englischen Verfassung garantierten Bürgerrechte zum größten Stolz der Kolonisten, darunter vor allem das Recht, nicht ohne die eigene Zustimmung besteuert zu werden, das Auslöser des ganzen Konfliktes gewesen war. Als was definierten sich die Kolonien selbst: Als ein eigenständiger Staat oder als dreizehn einzelne Staaten? Konnte man überhaupt schon von ‚Staaten' sprechen? Auch den Zeitgenossen erschien es zum Teil paradox, dass offiziell noch immer die Wiedereingliederung ins Empire und damit die Versöhnung mit England Ziel des Krieges war. Die Situation verlangte klare Verhältnisse.

Anders als der erste Kontinentalkongress konnte die neue Versammlung im Mai 1775 sich zunächst nicht mit Petitionen und theoretischen Fragestellungen über die Rechtmäßigkeit von Steuergesetzen beschäftigen, sondern musste ihre gesamte Aufmerksamkeit den praktischen Fragen widmen, die sich aus den politischen und militärischen Umständen ergaben. Der zweite Kontinentalkongress war effektiv das Gremium, das einer nationalen Regierung am nächsten kam, und entsprechend hatte er zu handeln.

Nicht nur in Massachusetts, sondern ab Frühjahr 1775 auch in allen anderen Kolonien hatten die von Großbritannien eingesetzten Regierungen ihren Einfluss langsam verloren, und an ihre Stelle waren lokal geformte – streng genommen illegale – Organisationen getreten, die alle politischen Geschäfte der Kolonie übernahmen. Ab Herbst 1775 begann der Kongress, diese Regierungen zu legitimieren. Man kann also fast von einer **administrativen Revolution** sprechen, die der eigentlichen Unabhängigkeit und dem Krieg vorausging.

Der Versammlung in Philadelphia kam es zu, sich kolonieübergreifender Fragen anzunehmen. Sie richtete einen kontinentalen Postdienst ein, der sich aus den Kurierreiternetzwerken der *Committees of Correspondence* entwickeln konnte. Der Kongress musste außerdem einheitliche Anordnungen über das Verhältnis zu den Indianern ausgeben und Grenzkonflikte zwischen den Kolonien entscheiden. Die einzigen wirtschaftlichen Vorgaben, die der erste Kontinentalkongress festgesetzt hatte, bezogen sich auf den Boykott. Jetzt wurden Handelsbestimmungen vereinheitlicht und ab Sommer 1775 sogar **Papiergeld** herausgegeben. Natürlich hatte der Kongress kein Recht, Steuern zu erheben, aber er konnte sich Geld von den einzelnen Kolonien leihen, und man trat zu diesem Zweck auch an andere Länder z. B. die Niederlande heran.

Kontinentalarmee

Geld brauchte der zweite amerikanische Kontinentalkongress vor allem, um sich der dringlichsten Frage zu widmen: Die Kolonien befanden sich im Krieg. Es galt militärische Vorkehrungen zu treffen. In den Tagen und Wochen nach den Vorfällen von Lexington und Concord hatten sich rund um Boston gut 15.000 Kolonisten versammelt, die faktisch die Hauptstadt belagerten. Sie gehörten zu den Milizeinheiten aus Massachusetts, New Hampshire, Connecticut und Rhode Island. Im Inneren der Stadt hielten sich etwa 4.000 königliche Soldaten verschanzt.

Zeitungen sprachen bereits von der „*Grand American Army*", aber in Wirklichkeit fehlte es an allen Enden. Ein Arsenal an Waffen war ohnehin nicht verfügbar, und der Schießpulvervorrat ging zur Neige. Die Grundversorgung mit Essen und Wasser für eine so große Zahl an Menschen bedeutete eine schwere Belastung für die Umgebung, die das Benötigte nicht annähernd aufbringen konnte. Unterbringung und Hygiene waren katastrophal, so dass bald die ersten Seuchen ausbrachen. Trotzdem waren der patriotische Enthusiasmus und die Kampfbereitschaft dieser Männer auf dem Höhepunkt. Der Kongress hatte die Aufgabe, so schnell wie möglich klare Verhältnisse zu schaffen, die eine effektive militärische Administration ermöglichten.

Am 26. Mai 1775, knapp zwei Wochen nach seinem Zusammentreten, rief der zweite Kontinentalkongress offiziell den „*state of defence*", den **Verteidigungsstatus** für die vereinigten Kolonien aus, und ab Juni begannen intensive Vorbereitungen für eine **eigene Armee**. Die Situation in Massachusetts verursachte vielen der Delegierten, die meist der Ober- oder Mittelschicht entstammten, vor allem auch deshalb Unbehagen, weil sie fürchteten, dass aus der Ansammlung rund um Boston ein gefährlicher Mob werden könnte.

Mit der **Ernennung George Washingtons zum Kommandeur** Mitte Juni 1775 wurden diese Bedenken zerstreut. Den damals 43-Jährigen qualifizierten seine langjährige Erfahrung und sein Ruf als gewissenhaf-

Abb. 4: Die Schlacht bei Bunker Hill

ter und bedachter Befehlshaber. Er gehörte zu einer der reichsten Familien Virginias, konnte für seine Ausstattung selbst aufkommen und war so nicht auf einen hohen Sold angewiesen, den der Kongress nicht hätte zahlen können. Mit der Wahl eines Südstaatlers in diese Position sollte auch der interkoloniale Zusammenhalt gestärkt werden. Einige Vertreter der südlichen Kolonien hatten die Sorge geäußert, dass die Miliztruppen rund um Boston ausschließlich Männer aus Neu-England beinhalten und es eine Gefahr für das politische Gleichgewicht sei, einer Region zu viel militärische Macht zu geben.

Bevor George Washington mit dem Aufbau der neuen Kontinentalarmee beginnen konnte, bevor er überhaupt am Kriegsschauplatz in Massachusetts eingetroffen war, eskalierte die Situation dort aufs Neue. Bis dahin hatten die Amerikaner hauptsächlich die Hügel südwestlich der Stadt besetzt gehalten und damit die auf einer Halbinsel gelegene Stadt isoliert. In der Nacht vom 16. Juni 1775 bezogen sie Stellung am nördlich gegenüberliegenden Ufer. Hier begannen sie, Befestigungsanlagen auf dem Breeds Hill und dem dahinter gelagerten **Bunker Hill** zu errichten. Die Briten reagierten zunächst mit Kanonenfeuer von ihren Schiffen, die in der Bucht patrouillierten und von denen sie ihre Einheiten für einen Gegenangriff an Land brachten. Sie schafften es, die Kolonisten zurückzudrängen, so dass die Aktion militärisch als englischer Sieg gelten konnte. Allerdings verloren die Briten fast die Hälfte ihrer Männer, darunter zwölf Offiziere. Damit wurde die Schlacht für die Amerikaner, die sehr viel weniger Opfer zu beklagen hatten, bald zu einem Heldenstück.

Das Diplomatische Verhältnis zu Großbritannien

Der Krieg war in vollem Gange, der Kongress handelte in all seinen Aufgaben wie die Regierung eines souveränen Staates. Noch immer suchte man die Schuld nicht bei König Georg III. und erwartete, dass er das Parlament bald zur Ordnung rufen würde. Das ganze Ausmaß des Dilemmas zeigte sich, als der Kongress kurz nach seiner Eröffnung Nachricht aus Kanada erhielt, dass amerikanische Truppen **Fort Ticonderoga** eingenommen und mehrere Kanonen erbeutet hatten. Die anfängliche Euphorie wurde bald getrübt, weil man fürchtete, sich unrechtmäßig Eigentum der Krone angeeignet zu haben. Nach einigen Diskussionen wurde beschlossen, alles genau zu inventarisieren, um es nach einer Beilegung der Streitigkeiten zurückerstatten zu können.

Es wurde immer dringlicher, eindeutige Verhältnisse zu schaffen, denn die unsichere und zwiespältige Situation begann die Kolonisten militärisch zu schwächen. Seit Ende Juni war ein neuer Delegierter aus Virginia in Philadelphia eingetroffen: Thomas Jefferson, dem sein Ruf als Führer einer spitzen Feder und klarer patriotischer Ansichten vorausgeeilt war. Er wurde damit beauftragt, eine **„Erklärung über die Notwendigkeit und die Gründe für die Aufnahme der Waffen"** zu verfassen. Seine explizite und unversöhnliche Wortwahl fand jedoch im Kongress keine Mehrheit, so dass stattdessen eine Version des moderateren John Dickinson aus Pennsylvania verabschiedet wurde. Dieses Dokument, das am 6. Juli 1775 veröffentlicht wurde, blieb während des gesamten Unabhängigkeitskampfes das einzige, das einer offiziellen Kriegserklärung vergleichbar wäre.

Zwei Tage später schiffte sich der ehemalige Gouverneur von Pennsylvania, Richard Penn, in Richtung London ein. Im Gepäck hatte er eine weitere Petition, dieses Mal direkt an den König zu überbringen. Diese sogenannte *Olive Branch Petition* war einerseits ein erneutes Verhandlungsangebot, sollte aber gleichzeitig die Autorität des Kongresses stärken. Er war das Sprachrohr der vereinigten Kolonien, und das gemeinsam herausgegebene Schreiben sollte dem britischen Premierminister Lord North signalisieren, dass seine Avancen gegenüber einzelnen Lokalversammlungen der südlichen Kolonien nicht akzeptiert würden.

Der Umstand, dass der Kongress beinahe zeitgleich zwei so gegenläufige Dokumente wie eine Kriegserklärung und ein Friedensangebot ausgab, lässt deutlich werden, dass sich im Sommer 1775 die moderaten und die radikalen Tendenzen unter den Abgeordneten noch die Waage hielten. Es gab Einzelne, die im privaten Gespräch vielleicht schon von Unabhängigkeit sprachen und bereit waren alles zu riskieren, ebenso gab es auf der anderen Seite diejenigen, die darauf drängten, jede kriegerische Handlung einzustellen, um so schnell wie möglich die Versöhnung auszuhandeln. Die deutliche Mehrheit aber bestand darauf, dass ihre Rechte verletzt worden waren und die Regierung in London einzulenken habe. Dafür waren sie auch bereit, einen Krieg zu führen. Unabhängigkeit jedoch ging zu weit und erschien ihnen unvorstellbar. Diese Mehrheitsmeinung begann sich im Laufe der zweiten Hälfte des Jahres 1775 langsam zu radikalisieren. Die anfangs noch sehr kleine Gruppe im Kongress, die immer expliziter den Bruch mit Großbritannien propagierte, hatte in John Adams und Thomas Jefferson zwei sehr eloquente, überzeugte und extrem engagierte Anführer. Dank ihrer Unterschiedlichkeit in Temperament und Herkunft trug ihre Zusammenarbeit beträchtlich dazu bei, die verschiedenen Interessen der Kolonien zu vereinen.

Ein Faktor beeinflusste die Stimmung nachhaltig. Im November 1775 wurde bekannt, dass der englische König sich nicht nur geweigert hatte, die *Olive Branch Petition* überhaupt anzunehmen, sondern am 23. August 1775 offiziell erklärt hatte, alle 13 amerikanischen Kolonien befänden sich in **offener Rebellion**. In einer Rede an das Parlament warf er den Amerikanern gar vor, ihre Versöhnungsversuche seien nur vorgetäuscht, um Zeit zu gewinnen und Vorbereitungen für die „Errichtung eines unabhängigen Reiches" zu treffen. Anders als viele Amerikaner glaubten, hatte Georg III. von Anfang an zu denjenigen in Großbritannien gehört, die für ein hartes Durchgreifen in den Kolonien plädierten. Mit seinen Äußerungen im Sommer 1775 bezog er öffentlich Stellung und verspielte sich die lang gehegten Sympathien jenseits des Atlantiks. Jefferson merkte dazu an, es sei ein „immenses Unglück" für das gesamte englische Empire „einen König mit einer solchen Einstellung zu einem solchen Zeitpunkt" zu haben.

Kanada

Warum blieben die Kolonien ganz im Norden des Kontinents scheinbar so völlig außen vor in den Auseinandersetzungen mit dem Mutterland? Die Gebiete nördlich der großen Seen unterschieden sich grundlegend von den anderen 13 Kolonien, sowohl in ihrer Siedlungsgeschichte als auch in ihrem Verhältnis zu Europa. Bis zur Mitte des 18. Jahrhunderts hatten weite Teile der Region noch zu Frankreich gehört, was die **kulturelle und soziale Struktur** der Gesellschaft immer noch stark prägte. Die wichtigste Komponente war dabei der katholische Glaube. Schon die Reaktion auf den *Quebec Act* in den anderen, überwiegend protestantischen Kolonien lässt die zentrale Bedeutung dieses Aspektes erahnen. Ihre gemeinsamen protestantischen Wurzeln halfen, die Einheit der 13 Kolonien über ihre wirtschaftlichen und sozialen Unterschiede hinweg zu festigen. Trotzdem sandte sowohl der erste als auch der zweite Kontinentalkongress Einladungen an die kanadischen Lokaladministrationen – nicht zuletzt um sich nach Norden hin abzusichern. Es kam jedoch keine Reaktion, und so wuchs die Sorge, Großbritannien könnte über die vielen Forts entlang des St.-Lorenz-Stroms Neu-England angreifen.

Seit dem Sommer 1775 hatten im Kongress strategische Überlegungen zu einem Einmarsch in Quebec begonnen. Man rechnete in der dünn besiedelten Region kaum mit Widerstand, eine Eroberung aber hätte für die Briten große territoriale Verluste bedeutet. Die Amerikaner hofften, besetzte Gebiete in Kanada als Pfand in Verhandlungen mit dem Mutterland einzubringen und so eine stärkere Position zu gewinnen.

Ein aktiver **Angriff auf Kanada** bedeutete allerdings, dass die Kolonisten ihre defensive Rolle aufgaben. Der Plan stieß daher auf heftigen Widerspruch und löste eine langwierige Debatte aus, die den Feldzug bis zum Winter 1775 verzögerte. Trotz einiger Erfolge etwa bei **Fort Ticonderoga** endete das Unternehmen in einer Katastrophe, der ersten eindeutigen Niederlage für die vereinigten Kolonien.

Common Sense

Mit der Veröffentlichung eines einflussreichen Pamphlets am 10. Januar 1776 schwenkte die Stimmung in der Bevölkerung, die lange Zeit die moderaten Kräfte im Kongress unterstützt hatte, endgültig um. Unter dem Titel *Common Sense* erklärte Thomas Paine über mehrere Seiten hinweg die Notwendigkeit einer amerikanischen Unabhängigkeit. Anders als die Autoren anderer Flugschriften, die gerne mit komplexen juristischen Terminologien, lateinischen Zitaten und philosophisch-historischen Referenzen ihre Bildung zeigten, bediente sich Paine einer einfachen und allgemeinverständlichen, zugleich sehr bildhaften und leidenschaftlichen Sprache. Sein Text war nicht nur sprachlich einer breiten Masse zugänglich, sondern auch durch eine in den Kolonien bis dahin einzigartig hohe Auflage von über 100.000 Exemplaren in den ersten paar Wochen. Die Verbreitungspraxis von Flugschriften zu jener Zeit legt nahe, dass ein gedrucktes Exemplar zweifellos durch mehrere Hände ging. Man kann davon ausgehen, dass während der ersten Monate des Jahres 1776 jeder zweite Amerikaner auf die eine oder andere Weise Teile von *Common Sense* las oder hörte.

Thomas Paine – selbst Engländer, der erst zwei Jahre zuvor wie so viele, in der Hoffnung auf einen Neuanfang nach Amerika gekommen war – führte seinen Lesern vor Augen, dass Politik nicht nur für die Gebildeten sei, sondern dass jeder mit ein wenig *Common Sense* (= „gesundem Menschenverstand") Ausgestattete nicht nur daran Teil haben könne, sondern sogar das Recht dazu habe. Auf dieser Grundlage wetterte er gegen erbliche Monarchien im Allgemeinen und natürlich gegen den englischen König im Besonderen. Die Diffamierungen und Anschuldigungen, die er gegen Georg III. vorbrachte, hätte nur wenige

Monate zuvor kaum jemand zu äußern gewagt. Jetzt, Anfang des Jahres 1776, fanden sie rege Zustimmung. Zu der immer dringlicheren Frage, **Unabhängigkeit oder Versöhnung**, bezog *Common Sense* eindeutig Stellung. Eine Rückkehr in den Schoß des Empire bedeute politische Unmündigkeit und wirtschaftliche Ausbeutung zu Gunsten des Mutterlandes sowie die Unterdrückung jeglicher eigenständiger Entwicklung. Das viel versprechende Potenzial des amerikanischen Kontinents würde erstickt werden. Ganz anders sähe es aus, wenn die Kolonien sich dazu durchringen könnten, ihre Unabhängigkeit zu erklären. Den gefürchteten Krieg würden sie dank ihrer Tugendhaftigkeit, Freiheitsliebe und festen Überzeugung problemlos gewinnen. Das Zukunftsszenario eines freien, unabhängigen blühenden Landes zeichnete Paine in leuchtenden Farben. Er verstand es, seine Worte visionär klingen zu lassen. Es ging um mehr als nur die Unabhängigkeit: „Es steht in unserer Macht", schrieb er, „die Welt noch einmal von Neuem zu beginnen".

Wenige Wochen nachdem *Common Sense* erschienen war, erreichte die Kolonien ein neues Gesetz, das das englische Parlament bereits im Dezember verabschiedet hatte: Der *Prohibitory Act* unterband sämtliche Handelsbeziehungen mit den Kolonien. Das Bedrohliche daran war, dass amerikanische Handelsschiffe nicht länger dem Schutz der Krone unterstanden, sondern als feindliches Eigentum angesehen und damit zum Angriff freigegeben wurden. Jetzt konnten die Briten ihre besondere Stärke, die *Royal Navy,* voll einsetzen. Auf hoher See, aber auch in Küstengewässern und sogar Häfen machte sie Jagd auf amerikanische Schiffe, um Ladungen zu beschlagnahmen und Seeleute in den Militärdienst zu zwingen. Diese Maßnahme kam einer Seeblockade gleich und hatte den zusätzlichen Effekt, dass sie die Kolonien von Europa abschnitt und es ihnen erschwerte, etwa Frankreich um Hilfe zu ersuchen. Die englische Regierung hatte so einmal mehr ihre Absicht gezeigt, das Aufbegehren in den Kolonien ohne Zugeständnisse niederzuwerfen. So begann sich im Frühjahr 1776 letztendlich auch im Kongress die Meinung durchzusetzen, dass mit Großbritannien nicht mehr zu verhandeln sei.

Unabhängigkeit

Die lokale Versammlung in Virginia, wo Patrick Henry ein Jahr zuvor ausgerufen hatte „Gebt mir die Freiheit oder gebt mir den Tod", machte den Anfang. Mitte Mai 1776 entschied sie, ihre Delegierten in Philadelphia zu instruieren, die Unabhängigkeit offiziell vorzuschlagen. North Carolina schloss sich kurz darauf an. Lokale Umwälzungen in Pennsylvania und Maryland führten zu der Abberufung moderater Delegierter aus dem Kongress. Stattdessen kamen radikale Vertreter hinzu. Immer mehr deutete darauf hin, dass der letzte große Schritt, den man wohlweislich so lange hinausgezögert hatte, unmittelbar bevorstand. Am 7. Juni 1776 legte Richard Henry Lee aus Virginia der Versammlung eine Resolution vor, in der es hieß: „Die vereinigten Kolonien sind, und sollen es dem Rechte nach sein, freie und unabhängige Staaten".

Nach einer langwierigen und hitzigen Debatte wurde die schwierige Entscheidung über die Unabhängigkeit ein letztes Mal aufgeschoben. Viele der Abgeordneten argumentierten, dass sie keinerlei Anweisung oder Berechtigung von ihren heimischen Versammlungen hatten, in dieser Frage abzustimmen. In den folgenden Wochen wurden diese Instruktionen nach und nach eingeholt. Währenddessen saßen Thomas Jefferson, John Adams, Benjamin Franklin, Roger Sherman und Robert R. Livingston im sogenannten *Committee of Five* zusammen und arbeiteten eine Erklärung aus – für den Fall, dass die Resolution angenommen würde. Am 2. Juli, einem Dienstag, wurde abgestimmt, und der 2. Kontinentalkongress entschied sich einstimmig für die **Unabhängigkeit von Großbritannien**. Zwei Tage später, am bis heute jährlich zelebrierten 4. Juli, hatten alle das historische Dokument unterschrieben, und die amerikanische Unabhängigkeitserklärung wurde feierlich publiziert.

Es war wichtig, dass diese Entscheidung einstimmig fiel. Männer wie John Adams, Thomas Jefferson und Benjamin Franklin hatten ihr gesamtes diplomatisches Geschick darauf verwandt, dieses Ergebnis herbeizuführen. Zwar wäre die Resolution auch mit einer einfachen Mehrheit verabschiedet worden, aber man wusste, dass es so gut wie unmöglich sein würde, den Krieg zu gewinnen, geschweige denn einen neuen Staat zu gründen, wenn sich einzelne Kolonien abkapselten, um so mehr weil New York, eine der größten und einflussreichsten Kolonien, gezögert hatte.

Heute gilt die Unabhängigkeitserklärung, noch vor der Verfassung, als das wichtigste **Gründungsdokument** der Vereinigten Staaten. Ihre wohl berühmtesten Worte wurden und werden regelmäßig zitiert und haben politische und gesellschaftliche Bewegungen in Amerika von der Sklavenemanzipation bis zur Frauenrechtsbewegung untermauert: „Wir halten diese Wahrheiten für ausgemacht, dass alle Menschen gleich erschaffen worden, dass sie von ihrem Schöpfer mit gewissen unveräußerlichen Rechten ausgestattet worden, worunter sind Leben, Freiheit und das Streben nach Glück."

Neben der Definition der natürlichen, von Gott gegebenen Menschenrechte definiert die Präambel die Aufgaben einer guten Regierung und warnt vor Tyrannei. Hier schließt sich eine Auflistung all jener Fälle an, in denen der englische König Georg III. seine Pflicht als regierender Souverän verletzt oder seine Befugnisse überschritten hatte und so zum Tyrann geworden war. Dieser heute meist vernachlässigte Teil war besonders wichtig, da er die Revolution rechtfertigte. Den gängigen Staatstheorien jener Zeit zufolge, von Thomas Hobbes und John Locke bis Montesquieu, war es Untertanen gestattet, sich gegen ihren Herrscher aufzulehnen, wenn dieser seinen Aufgaben nicht rechtmäßig nachkam. Der letzte Absatz legte schließlich offiziell den entscheidenden Punkt dar: „Verkündigen wir hiermit feierlich, und erklären, im Namen und aus Macht der guten Leute dieser Kolonien, dass diese vereinigten Kolonien freie und unabhängige Staaten sind […] und dass alle politische Verbindung zwischen ihnen und dem Staat von Großbritannien hiermit gänzlich aufgehoben ist."

In den folgenden Tagen und Wochen wurden unzählige Drucke des Dokuments in Umlauf gebracht. Der Kongress schickte Exemplare an Gemeindevertreter, die darauf achteten, dass Abschriften an die Kommandanten der lokalen Miliz gingen oder dass Pfarrer und Pastoren sonntags im Anschluss an den Gottesdienst öffentliche Lesungen anberaumten. Zeitungen druckten den Text in Auszügen ab, und erhaltene Exemplare weisen Löcher in allen vier Ecken auf, was darauf hinweist, dass sie an einer Wand, vielleicht in einem Wirtshaus oder einem privaten Geschäft gehangen haben. Der deutsche Drucker Heinrich Miller aus Philadelphia veröffentlichte schon eine knappe Woche später die erste vollständige deutsche Übersetzung des Textes, so dass auch die Deutsch-Amerikaner in die Euphorie dieses epochalen Ereignisses einbezogen wurden. Die einende und stärkende Wirkung der Unabhängigkeitserklärung in den Kolonien kann kaum hoch genug bewertet werden. Sie war der erste Schritt auf dem Weg zu einer eigenständigen amerikanischen Identität.

3

Der Unabhängigkeitskrieg

Die Unabhängigkeitserklärung als offizielles Dokument, das den neuen Status der vereinigten Kolonien verkündete, war das eine, der Krieg aber hatte gerade erst begonnen. Nun musste die reale Unabhängigkeit erkämpft werden. Am 4. Juli 1776 dauerten die militärischen Auseinandersetzungen schon über ein Jahr an. Nach den ersten Schüssen in Lexington und Concord am 17. April 1775 hatten die Briten sich nach Boston zurückgezogen. Dort verschanzten sie sich fast ein Jahr lang unter Belagerung durch verschiedene Milizeinheiten Neuenglands, die ab Juli 1775 unter der Führung George Washingtons langsam als *Continental Army* [Kontinentalarmee] organisiert und aufgestockt wurden. Im März 1776 fiel in London die Entscheidung, die Truppe aus Boston zu evakuieren und nach New York zu bringen. Damit verlagerte sich der Kriegsschauplatz in die mittelatlantischen Kolonien. Dort sollte das Zentrum der militärischen Operationen bleiben, selbst als sich in der dritten Phase die Kampfhandlungen vorwiegend weiter in den Süden bewegten, bevor es 1781 bei Yorktown in Virginia zur letzten entscheidenden Schlacht kam.

ZEITTAFEL	
1776	
17. März	Briten evakuieren Boston
27. August	Schlacht(en) um New York beginnen (Brooklyn Heights)
26. Dezember	Überraschungsangriff auf die Hessen in Trenton
1777	
5. Juli	Burgoyne gewinnt Fort Ticonderoga zurück
11. September	Schlacht von Brandywine Creek

26. September	Briten besetzen Philadelphia
17. Oktober	Bugoyne kapituliert in Saratoga
1778	
6. Februar	Bündnisverträge zwischen Amerika und Frankreich
18. Juni	Briten evakuieren Philadephia
28. Juni	Schlacht von Monmouth
10. Juli	Frankreich erklärt England den Krieg
29. Dezember	Briten nehmen Savannah ein
1779	
9. Oktober	Versuch der Rückeroberung Savannahs schlägt fehl
1780	
16. August	Schlacht bei Camden
1781	
5. September	Seeschlacht in der Chesapeake Bay
25. September	Belagerung Yorktowns beginnt
17. Oktober	Cornwallis ergibt sich
1782	
20. März	Lord North tritt zurück
30. November	Vorläufiger Friedensvertrag
1783	
3. September	Unterzeichnung des Friedensvertrags

Der amerikanische Unabhängigkeitskrieg unterscheidet sich von späteren Kolonial- und Befreiungskriegen und wird häufig eher als Bürgerkrieg charakterisiert: Hier kämpfte nicht die Bevölkerung eines ehemals eigenständigen Landes oder einer eigenen Kultur gegen fremde Unterdrücker, sondern in erster Linie europäische Siedler, zum größten Teil britischer Herkunft, gegen die Soldaten der englischen Krone und gegen die Bewohner der Kolonien, die dem König die Treue halten wollten. Ein Krieg, der Nachbarn gegeneinander aufbrachte und Familien spaltete.

Kriege im 18. Jahrhundert hatten meist territoriale Ziele, und letztlich ging es auch im Unabhängigkeitskrieg um die Herrschaft über fruchtbares Land und strategische Positionierung in der westlichen Hemisphäre. Darüber hinaus hatte dieser Krieg allerdings einen theoretischen Überbau, wie er sich erst im 19. Jahrhundert mit den französischen Revolutionskriegen durchsetzen sollte – eine Entwicklung, die später in den Ideologiekriegen des 20. Jahrhunderts gipfelte. Von Anfang an legte der zweite Kontinentalkongress Wert darauf, dass man einen Verteidigungskrieg führte und nur als letztes Mittel zu den Waffen gegriffen hatte. Die Mitglieder des Kongresses waren geprägt von republikanischem Gedankengut, das sich aus verschiedenen Quellen speiste: von der klassischen Staatstheorie der Antike bis zu Traditionen der schottischen Aufklärung und des puritanischen Protestantismus. Ein so gerechtfertigter Krieg bezog die Zivilbevölkerung ganz anders mit ein, als ein Territorialkrieg, der von Berufsarmeen auf einem fernen Schlachtfeld ausgefochten wurde. Das bedeutete auch, dass im Laufe der acht Jahre von 1775 bis 1783 jeder Bewohner der Kolonien, über die wirtschaftlichen Umstände hinaus, direkt oder indirekt von den kriegerischen Ereignissen berührt wurde. Dies galt nicht nur für die Männer, die in der Miliz oder in der Kontinentalarmee kämpften, sondern auch für Seeleute der Handelsmarine, die jederzeit von der *Royal Navy* aufgegriffen werden konnten. Bauern und Kaufleute mussten zur Versorgung beitragen, waren jedoch nicht vor Plünderungen gefeit, die zwar der militärische Codex beider Seiten streng verbot, die sich aber nicht unterbinden ließen. Frauen blieben alleine zurück und mussten neue Aufgaben übernehmen oder begleiteten ihre Männer als *Campfollowers*. In den Küstengebieten kam es immer wieder zu Raubüberfällen von See, während die Siedler im Landesinneren unter radikalisierten lokalen Milizverbänden litten, die sowohl patriotisch als auch loyalistisch sein konnten, je nachdem, wer gerade die Oberhand in dem betreffenden Gebiet hatte. Im Verlauf der Revolution wurde es immer schwieriger, neutral zu bleiben. Apolitische Farmer im Hinterland waren ebenso gezwungen, Stellung zu beziehen, wie pazifistische Quäker. Sklaven zogen in der Hoffnung auf Freiheit für die Briten ins Feld oder verrichteten für ihre Herren Militärdienst auf amerikanischer Seite. Die Indianer gerieten zwischen die Fronten, weil beide Seiten sie für sich zu gewinnen versuchten.

Die Einbeziehung der Indianer und der Schwarzen in die Kampf-handlungen ist Thema von Kapitel 5; die Kampfhandlungen an der Siedlungsgrenze werden hier ebenfalls größtenteils ausgeklammert. Sie überschneiden sich zwar mit dem Unabhängigkeitskrieg, gehören je-doch in einen anderen Kontext: Die Kämpfe um die Besiedlung des Landes reichten weit in die Kolonialzeit zurück und setzten sich nach der Staatsgründung in Amerika noch lange Zeit fort.

Militärische Voraussetzungen

Klassisch wird der Kampf der Kolonisten gegen das Mutterland als Kampf **Davids gegen Goliath beschrieben**. In der Tat muss das Briti-sche Empire, die damals stärkste militärische Macht der westlichen Welt, als kaum zu bezwingender Gegner für eine Handvoll Handelsko-lonien erscheinen. Letztendlich war es jedoch genau diese Übermacht, die den Briten zum Verhängnis wurde. In unterschiedlichen Teilen der Welt wurden sie von ihren Konkurrenten unter Druck gesetzt, so dass sie ihre Kräfte zwischen vier Kontinenten aufteilen mussten. Gleichzei-tig waren sie sich ihrer eigenen Überlegenheit zu sicher.

Die Befehlshaber in London mussten in den Berichten ihrer Gene-räle aus den amerikanischen Kolonien lesen, wie das unwägbare Terri-torium die Bewegung großer Truppenkontingente behinderte und kaum Möglichkeiten bot, in den erprobten Formationen zu kämpfen. Je länger der Krieg andauerte, desto besser wussten die Kolonisten sich diese Gegebenheiten zu Nutze zu machen. So selten wie irgend möglich ließen sie sich auf eine offene Schlacht ein, attackierten stattdessen Flanken oder Nachhut und zermürbten ihre Gegner durch unzählige kleinere Scharmützel. Besonders in den Kolonien des Südens entwi-ckelte sich ein Guerillakrieg, wie er zu jener Zeit noch kaum üblich war. Dies erschwerte es den Briten, taktisch zu reagieren. Viele der Kämpfer auf amerikanischer Seite wurden angetrieben durch die Überzeugung, ihr Eigentum und ihre Existenz zu verteidigen. Damit ging es eher um materielle Werte als um große Ideen und das hehre Ideal von Freiheit. Dennoch war die Motivation, in den Kampf zu ziehen, eine ganz an-dere, als sie ein schlecht bezahlter englischer Soldat oder ein hessischer Söldner verspüren mochte. Kolonisten hatten weiterhin den Vorteil, auf heimatlichem, bekanntem Gebiet zu kämpfen, in dem sie Verstecke und Schleichwege kannten, während eine Einheit englischer Soldaten in leuchtend roten Uniformen ein leichtes Ziel darstellte.

Großbritannien hatte seine Armee mit gut 30.000 Söldnern aus den deutschen Staaten aufgestockt. Das bedeutete jedoch nicht, dass die englische Regierung jeden einzelnen deutschen Soldaten bezahlte. Vielmehr schloss sie mit den Fürsten Verträge über eine bestimmte Anzahl von Hilfstruppen ab – allen voran mit Landgraf Friedrich II. von Hessen-Kassel. Wie die deutschen Landesherren ihre Einheiten aufbrachten, blieb ihnen selbst überlassen, Zwangsrekrutierungen waren ein relativ häufiger Weg. Es war nicht unüblich für kleinere Staaten, sich auf diese Art Geld zu verschaffen.

Der Sammelbegriff „Hessen" hat sich für die **deutschen Hilfstruppen** durchgesetzt, obgleich sie aus verschiedenen Fürstentümern stammten, darunter Hessen-Kassel und Hessen-Hanau, aber auch Anhalt-Zerbst, Braunschweig-Wolfenbüttel und Waldeck. Um die hessischen Regimenter ranken sich Legenden. Lange nahm man an, dass sie aufgrund des oft erzwungenen Militärdienstes besonders geneigt gewesen seien zu desertieren, um im freiheitlichen Amerika zu bleiben. Die historische Forschung kann dies zwar inzwischen widerlegen, aber bereits während der Revolution versuchten die Amerikaner, aus ähnlichen Überlegungen Nutzen zu ziehen. In einer frühen Form psychologischer Kriegführung verwandten sie einige Mühen darauf, mit Hilfe von deutschstämmigen Kolonisten in den hessischen Stützpunkten Propaganda zu verbreiten.

Mit der Entscheidung des Kongresses für eine **amerikanische Armee** und mit der Ernennung George Washingtons zum Befehlshaber war nur der erste formale Schritt getan. Es erforderte koordinatorisches Geschick und überlegte Organisation, diese Entscheidungen umzusetzen. Die einzelnen Kolonien unterhielten ihre Milizen vor allem zur Verteidigung gegen Indianer. Diese Verbände richteten sich nach dem republikanischen Ideal einer Bürgerwehr, wie sie aus der klassischen Antike bekannt war: Nicht Berufssoldaten, sondern die Bürger eines Ortes, einer Stadt oder einer Region griffen zu den Waffen, um sich und ihre Familien zu verteidigen, niemals jedoch, um einen Angriff zu führen oder im Auftrag eines Machthabers zu handeln. In dieser Tradition galt ein der Regierung untergeordnetes stehendes Heer als gefährliches Instrument der Tyrannei und als Bedrohung für die bürgerliche Freiheit. Diese Vorstellungen waren so fest in der öffentlichen Meinung verankert, dass selbst in einer Kriegssituation, wie sie sich 1775 entwickelte, viele Kolonisten dem Aufbau einer Armee argwöhnisch gegenüberstanden. Unter diesen Voraussetzungen war man im Kongress darauf bedacht, auch die Kontinentalarmee als Bürgerwehr zu definieren, die ihre Heimat – die vereinigten Kolonien – verteidigte. Diese Argumentation mochte ideologisch sinnvoll sein, schuf jedoch einige logistische wie organisatorische Probleme, allen voran die Frage, in welchem Verhältnis Armee und lokale Miliz zueinander stehen sollten.

Der Kongress stellte sich die Milizen als eine Art Reserveeinheit für die Kontinentalarmee vor, aus der jede einzelne Kolonie ihren Teil zum Heer beitragen sollte. Nach dieser Logik war es selbstverständlich, dass die 1775 um Boston versammelten Männer der Neuengland-Milizen den Grundstock für die neue Truppe bildeten. Hinzu kamen in der ersten Phase zehn weitere Kompanien aus Maryland, Virginia und Pennsylvania.

George Washington, der selbst in Virginia lange Zeit eine Miliz befehligt hatte, erkannte schnell die Gefahren dieser Vorgehensweise: In den Milizen kämpften keine ausgebildeten Soldaten, und in der kurzen Dienstzeit von durchschnittlich einem Jahr war eine professionellere Ausbildung an der Waffe weder vorgesehen noch möglich. Schon im Dezember 1775 zeigte sich, dass in der Struktur der Milizen eines der größten Probleme lag. Mit dem einsetzenden Winter kühlte sich auch der patriotische Eifer im Lager vor Boston ab, und viele Männer verabschiedeten sich mit dem Ablaufen ihrer Verträge am Jahresende. Einige waren bereits im Herbst einfach gegangen, weil sie eben keine Berufsoldaten sondern Bauern waren und die Ernte eingefahren werden musste. Hier zeigt sich auch ein anderes Problem, dessen Washington Herr zu werden suchte: Militärische Operationen erforderten Disziplin und feste Regeln, wie sie die kleinen Einheiten der Miliz nicht gewohnt waren. Der Kontext von Revolution und Freiheitskampf erschwerte es noch, sie von der Notwendigkeit einer strengen militärischen – zuweilen wie damals üblich fast autokratischen – Ordnung zu überzeugen. Wenn der Tyrann in London kein Recht hatte, über ihre persönliche Freiheit zu bestimmen, warum sollte dieses Privileg einem Offizier zustehen?

Der Aufbau einer verlässlichen Armee erforderte eine andere Organisation als die einer lokalen Miliz. Zunächst wurde die Laufzeit der Verpflichtungen verlängert. Washington plädierte dafür, die Dienstzeit auf die Dauer des gesamten Krieges festzusetzen. Als jedoch der ohnehin abnehmende Zulauf von Rekruten nach diesem Vorschlag noch weiter zurückging – kaum jemand wollte sich für eine unbestimmte Zeit verpflichten –, einigte man sich auf drei Jahre. Als nächstes verabschiedete der Kongress die *Articles of War*. Damit schuf er eine Rechtsgrundlage für die Armee und verlieh den Befehlshabern Autorität, Regeln und Pflichten durchzusetzen.

Diese neuen Bestimmungen zu **Einberufung, Ausbildung und Disziplin** ermöglichten es Washington und seinen Beratern, der Kontinentalarmee eine klarere Struktur zu geben. Zu den ursprünglichen 26 Infanterie-Regimentern und einem Artillerie Regiment, das über die Jahre dank erbeuteter Waffen aufgestockt werden konnte, kamen 1777 ein Ingenieurcorps und einige berittene Einheiten hinzu. Als jedoch die erste patriotische Empörung und Kampfeslust im harten Kriegsalltag der Armee wich, wurde die Rekrutierung neuer Soldaten immer problematischer, vor allem als 1779 / 80 die ersten Dreijahresverträge ausliefen. Die 640 Mann, die auf dem Papier pro Einheit vorgesehen waren, standen keineswegs auch immer im Feld.

Die Einführung von Soldzahlungen sollte Abhilfe schaffen. Der Dienst bei der Miliz war üblicherweise unentgeltlich. Die einzelnen Kolonien, die jeweils eine Quote an Soldaten zu erfüllen hatten, versuchten zum Teil auf dem Weg über Gesetze, die zum Dienst in der Miliz verpflichteten, auch ihre Kontingente für die Armee zu füllen. Die Soldaten in der Kontinentalarmee stammten mehrheitlich aus ärmeren Verhältnissen. Die lokalen Kriterien der Wehrpflicht variierten, überall aber galt, wie im 18. Jahrhundert üblich, dass man seinen Dienst nicht unbedingt persönlich antreten musste, sondern auch einen Vertreter dafür bezahlen konnte. Nachdem ab 1777 auch Schwarze in der Kontinentalarmee zugelassen worden waren, dienten sogar einige Sklaven an Stelle ihrer Herren. Die Motive vieler Soldaten entsprachen damit sicher nicht dem patriotischen Ideal, das die Nachwelt ihnen immer wieder gerne zugeschrieben hat. Gehorsamsverweigerung, Aufstände und sogar Fahnenflucht waren vor allem angesichts der andauernden Versorgungsengpässe keine Seltenheit.

Die **Verhältnisse in der Armee** waren oft erbärmlich. Seuchen, vor allem Typhus und die Pocken, forderten insgesamt mehr Todesopfer als die Kampfhandlungen. Es fehlte beinahe während des ganzen Krieges an Decken, Kleidung und Verpflegung. Hunger und Kälte trieben immer wieder Soldatenverbände zu Plünderungen, so dass Bauern und Kaufleute in den Kriegsgebieten lernten, nicht nur die Briten und Loyalisten, sondern auch ihre eigene Armee zu fürchten. Dies führte dazu, dass sich die Vorbehalte der Zivilbevölkerung gegen ein stehendes Heer verstärkten. In ihrer sozialen Zusammensetzung ähnelte die eigene Kampftruppe in den Augen vieler Kolonisten – selbst Kongressmitgliedern – eher einem Mob als einer Armee. Zahlreiche Briefe George Washingtons zeugen von seiner Frustration angesichts der Ineffizienz des Kongresses und der mangelnden Bereitschaft in der Bevölkerung, die Armee zu versorgen.

In der Realität entsprach die erste amerikanische Armee vielleicht nicht dem Ideal einer Bürgerwehr, trotzdem, oder gerade deshalb, entwickelte sich bereits in dieser Zeit ein militärisches Selbstverständnis, das später eine wichtige Komponente der nationalen Identität der Amerikaner bilden sollte. Washington sorgte dafür, dass die Kontinentalarmee als eigenständige Organisation mit klar definierten Aufgaben etabliert wurde. Nur so konnten ihre militärischen Unternehmungen mit den lokalen **Milizen** effektiv koordiniert und erfolgreiche Strategien für beide entwickelt werden. Eine fundamentale Entscheidung war es, 1776 keine Kontinentaltruppen nach Connecticut zu entsenden, um die Küstenregionen vor Überfällen durch die britische Marine zu schützen. Lokale Konflikte sollten Aufgabe der Miliz bleiben, denn sonst bestand die Gefahr, dass die Armee über die gesamten Kolonien verteilt ausfaserte und keine einheitlichen Manöver mehr möglich waren.

Die Milizen erfüllten demnach zweierlei Aufgaben: In den Kriegsgebieten unterstützten sie die Armee. Durch Zerstörungen von Brücken und das Errichten von Blockaden mit gefällten Bäumen behinderten sie das Fortkommen der Gegner. Sie stellen Vorräte sicher – nicht selten auch durch Plünderungen – und wurden vor allem als Spähtrupps eingesetzt, denn sie kannten die Region am besten. Überall sonst in den Kolonien waren sie für den lokalen Schutz gegen äußere (sowohl Briten als auch Indianer) und innere Feinde zuständig. Im Süden fürchtete man Sklavenunruhen, aber allen voran nahmen die revolutionären Miliztruppen Loyalisten ins Visier.

Als **Loyalisten** bezeichnete man zunächst diejenigen, die sich offen gegen den Krieg mit Großbritannien aussprachen. Je mehr sich die Fronten jedoch verhärteten, desto weniger wurde differenziert und auch Neutralität, etwa aus religiösen Beweggründen, wurde als Loyalismus ausgelegt. Eine andere Terminologie, die in Bekanntmachungen und Flugblättern verwendet wurde, leitete sich aus der politischen Sprache Englands her, in der diejenigen, die für die Rechte des Königs einstanden, als *Tories* bezeichnet wurden, ihre Gegner als *Whigs*. Beide Begriffe stammten aus der Zeit des englischen Bürgerkriegs im 17. Jahrhundert und waren in leicht abgewandelter Bedeutung noch immer als Bezeichnungen der politischen Parteien im englischen Parlament üblich. Im Rückblick entsteht leicht der Eindruck, es habe nur vereinzelt Königstreue gegeben, die sich bedeckt hielten, bis sie nach Kanada oder England fliehen konnten. In der Tat ist heute schwierig zu rekonstruieren, wie groß die Anzahl der Loyalisten tatsächlich war. Benjamin Franklin schätzte damals, dass gut ein Drittel der Bevölkerung auf Seiten des

Königs stünde. Die moderne Forschung geht eher davon aus, dass etwa jeder fünfte Amerikaner weiterhin Sympathien für das Mutterland hegte. In der Folge entbrannte neben dem Krieg zwischen Großbritannien und der Kontinentalarmee ein Bürgerkrieg innerhalb der kolonialen Gesellschaft – die „Rebellen" oder „Patrioten", auf der einen Seite, die Loyalisten auf der anderen.

Die *Committees of Safety* hatten bereits vor der Unabhängigkeitserklärung Eigentum von *Tories* beschlagnahmt. Als die Situation sich radikalisierte, wurden auch die Übergriffe aggressiver. Patriotische Milizen überfielen und plünderten loyalistische Siedlungen. In kurzer Zeit entstand eine Gewaltspirale, die sich immer weiter emporschraubte. Loyalisten gründeten ihre eigenen Milizen, mit denen sie die britische Armee unterstützten sowie selbstständig Aktionen durchführten. Sie waren nicht minder gewaltbereit als ihre patriotischen Widersacher und wandten ähnlich aggressive Methoden an. In Gegenden, wo diese Kämpfe aufgrund des hohen oder stark militarisierten loyalistischen Bevölkerungsanteils besonders um sich griffen, lebte die Zivilbevölkerung in ständiger Angst vor Angriffen, denn beide Seiten waren in ihrer Radikalität unberechenbar. Besonders gefährlich war die Lage etwa in Teilen New Yorks und in den Carolinas. Es ist wichtig, das Kriegsgeschehen vor diesem Hintergrund zu beurteilen. Nicht nur die großen Schlachten, die in die Geschichtsbücher eingegangen sind, gehörten zum Unabhängigkeitskrieg, sondern auch Hunderte von kleineren Gefechten, Überfällen und Racheakten unter den rivalisierenden Milizen – eine Welle von Selbstjustiz, Zerstörung und Gewalt.

Kampf um New York

Im Januar 1776 erreichten die im Winter zuvor aus dem kanadischen Fort Ticonderoga erbeuteten Geschütze Boston (vgl. Kapitel 2). Oberst Henry Knox hatte sie auf Schlitten von Kanada nach Massachusetts schaffen lassen, damit sie den Kolonisten möglichst rasch dort zur Verfügung stünden, wo sie am dringendsten gebraucht wurden. Dem englischen General William Howe, der seit Oktober 1775 als Nachfolger von Thomas Gage Oberbefehlshaber in den Kolonien war, wurde es immer deutlicher, dass Boston als eine Insel im aufrührerischen Neu-England kaum zu halten sein würde. Die zusätzlichen Waffen, die den Belagerern nun zur Verfügung standen, überzeugten ihn endgültig davon, die Truppen aus der Stadt abzuziehen. Im März verließen die Briten

Boston in Richtung Süden. Ihr Ziel war New York. Sowohl hier als auch in den umliegenden Gebieten war der Anteil an Loyalisten hoch. Dieser Vorteil für die Briten hatte schon früh zu extremen innerkolonialen Auseinandersetzungen geführt.

New York war eines der wirtschaftlichen wie demographischen Zentren der Kolonien. Weil die mittelatlantischen Kolonien besonders günstig für die interkoloniale Kommunikation lagen, bildeten sie nicht nur geographisch, sondern auch in ihrer gesellschaftlichen Zusammensetzung das Verbindungsstück zwischen den nördlichen und den südlichen Regionen. Darüber hinaus ließ sich die Stadt dank ihrer Halbinsellage gut befestigen und mit Hilfe der *Navy* sichern. George Washington war sich der strategischen Bedeutung von New York nicht minder bewusst. Bereits Anfang des Jahres hatte er einige Einheiten vorausgeschickt, um den Zugang über Long Island zu sichern, bevor er selbst mit der Kontinentalarmee folgte – jedoch vergeblich. Im August war Howes Verstärkung eingetroffen, und er zog seine Truppen auf Staten Island zusammen. In einem Versuch, den Einmarsch in New York aufzuhalten, positionierte Washington einen Teil seiner Männer an der Südspitze der Insel Manhattan. Die zahlenmäßig ohnehin überlegenen Briten sahen sich daher am 27. August 1776 bei der ersten großen Schlacht auf Long Island nur der Hälfte der Kontinentalarmee gegenüber, die sie problemlos in die patriotischen Forts in **Brooklyn Heights** zurückdrängen konnten. Die folgenden Belagerungsversuche der Briten blieben jedoch ohne Erfolg. Drei Tage später gelang es den Amerikanern, nachts über den East River zu entkommen und in Manhattan ihre beiden Truppenkontingente wieder zu vereinen. Damit war die Gefahr jedoch keineswegs gebannt, denn auf der Südspitze der Insel konnten sie leicht eingekesselt werden. Nach drei Seiten von Wasser umgeben, das die britische *Navy* unter General William Howes Bruder, Admiral Richard Howe, bereits kontrollierte, blieb nur der Weg nach Norden offen. In den folgenden Monaten bewegten sich die Amerikaner die Insel Manhattan hinauf und gerieten immer wieder in kleinere Gefechte, bei denen sie fast ausnahmslos den Briten den Sieg lassen mussten. Ende November zog sich Washington dann mit der Kontinentalarmee hinter den Delaware River nach Pennsylvania zurück. Die **Briten nahmen New York** ein, das bis zum Ende des Krieges ihr Hauptstützpunkt bleiben sollte.

In der Annahme, Washington und seine Soldaten hätten ihr Winterquartier bezogen, richteten sich auch die Engländer in New York für den Winter ein. Im amerikanischen Lager war die Moral aufgrund der zahlreichen kleinen Niederlagen, des Verlusts von New York sowie der winterlichen Witterungsbedingungen und mangelnder Versorgung an einem Tiefpunkt angelangt. Nicht zuletzt um dieser Stimmung entgegenzuwirken, entschied Washington, einen letzten Angriff vor dem Winter zu riskieren. In der Nacht auf den zweiten Weihnachtstag 1776 überquerte er mit etwa 2500 Männern den Delaware und griff die Stadt **Trenton** an, die im Dienst der Briten von hessischen Hilfstruppen besetzt gehalten wurde. Das Überraschungsmoment ermöglichte den Amerikanern einen überwältigenden Sieg, der ihnen außerdem eine beachtliche Ausbeute an dringend benötigten Waffen, Munition und Vorräten bescherte. Britische Truppen aus der nahe gelegenen Garnison bei Princeton rückten sofort aus, um die Angreifer zu stellen. Den Kolonisten aber gelang es, die Verfolger zu umgehen und eine knappe Woche später am 3. Januar 1777 auch noch Princeton einzunehmen, bevor sie bei Morristown, westlich von New York, das Lager für den Winter aufschlugen. Eine große Entscheidungsschlacht, wie sie die Briten in New York hatten heraufbeschwören wollen, war vorerst vereitelt.

Der Moment, in dem Washington den Delaware überquerte, wurde fast 75 Jahre später von dem deutschstämmigen Maler Emanuel Leutze im Stil eines romantischen Heroismus in Öl gemalt. Das Gemälde hängt heute im Museum of Modern Art in New York und gehört zu den bekanntesten Darstellungen des Revolutionskrieges.

Abb. 6: Emanuel Leutze, Washington überquert den Delaware

Saratoga – der große Wendepunkt

Ihre Erfahrung aus bisherigen Kriegen lehrte die Briten, dass es zumeist ausreichte, die Hauptstadt einzunehmen, um ein ganzes Land in die Knie zu zwingen. Für Amerika ließ sich diese Logik jedoch nicht anwenden. Mit New York war eine der wichtigsten Städte der Kolonien erobert worden, aber eine einzelne Hauptstadt gab es in den dezentral organisierten Kolonien nicht. Am ehesten erfüllte Philadelphia diese Funktion, tagte hier doch immerhin der Kongress, damals offiziell das einzige verbindende Element zwischen den 13 einzelnen Lokalregierungen. Im Frühjahr 1777 fasste General Howe Pennsylvania als nächstes Ziel ins Auge. Es dauerte jedoch noch bis in den Sommer, bis sich die Truppen von New York aus einschifften, und erst spät im August gingen sie am nördlichsten Ende der Chesapeake Bay an Land, etwa zwei Tagesmärsche südwestlich von Philadelphia. Auf dem Weg waren mehrere Einheiten der Kontinentalarmee und Miliztruppen zur Abwehr positioniert, die den Vormarsch der Briten verlangsamen, nicht aber aufhalten konnten. Immerhin gewannen die Amerikaner wertvolle Zeit, um bei Chadds Ford, einer Anhöhe vor der Stadt, ihre Verteidigung in Stellung zu bringen. Howe ließ bei seiner Ankunft am 11. September 1777 nur einen Teil seiner Truppen die amerikanischen Linien frontal angreifen. Die anderen überquerten den **Brandywine River** und stießen über die rechte Flanke der kämpfenden Amerikaner vor. Dieses taktische Manöver entschied die Schlacht zu Gunsten der Briten, und zwei Wochen später besetzten sie **Philadelphia**, die ‚Hauptstadt' des revolutionären Amerikas. Der Kontinentalkongress hatte sich wenige Tage nach der Schlacht von Brandywine in Sicherheit gebracht und seinen Versammlungsort nach York, knapp 170 km weiter westlich ins Inland verlegt. Wie schon in New York unternahm Washington kurz darauf einen Angriff auf eine Garnison außerhalb der besetzten Stadt. Anfang Oktober griff die Kontinentalarmee **Germantown** an. Was in Trenton ein so überwältigender Erfolg gewesen war, endete dieses Mal jedoch in einer Niederlage für die Amerikaner.

Den Beginn des Krieges hatte **General John Burgoyne** in Boston erlebt. Im Herbst 1776 befehligte er ein Kontingent englischer Truppen, die London zur Verstärkung nach Quebec gesandt hatte. Dank seiner dortigen Erfolge wurde ihm Anfang 1777 der Oberbefehl für die in Kanada stationierten Einheiten übertragen, mit dem Auftrag, Fort Ticonderoga zurückzugewinnen und das Tal des Hudson Rivers zu sichern, um die Neuengland-Kolonien zu isolieren. Bereits im Herbst zuvor hatte die britische Marine bei einer Schlacht auf dem fast 1200 km^2 großen Lake Champlain strategische Erfolge erzielen können. Der offizielle Plan, von dem Burgoyne ausging, als er im Sommer aufbrach, sah vor, dass er mit seinen Truppen vom Norden nach Albany marschierte, während ihm General Howe entgegenkommen und General Henry Clinton von New York Verstärkung schicken sollte. Ersterer hatte jedoch statt nördlich den Hudson emporzuziehen, Philadelphia angegriffen – noch dazu von See aus und nicht, wie eigentlich geplant, über Land. Er war bis Ende September in die Kämpfe dort involviert, während Clinton zu zögerlich handelte und darüber hinaus eine viel zu kleine Abordnung sandte. Seine Truppen griffen nur einige kleinere Forts an, um die Aufmerksamkeit von Burgoynes Unternehmen abzuwenden. Die Instruktionen aus London waren nicht eindeutig genug gewesen, und in den Kolonien gelang es den Amerikanern immer wieder, die Kommunikationslinien zu unterbrechen und Nachrichten abzufangen. Die heutige Forschung vermutet außerdem, dass auch persönliche Animositäten zwischen den britischen Generälen im Spiel waren. Howe und Clinton bevorzugten eine bedachtere Kriegsführung als der ungestüme „Gentleman Johnny" Burgoyne.

Zu Beginn waren die britischen Unternehmungen erfolgreich. Am 5. Juli 1777 fiel Fort Ticonderoga zurück an die Briten, und auch einige weitere Befestigungsanlagen in der Region konnten problemlos eingenommen werden. Burgoynes Armee erhielt erhebliche Unterstützung durch Loyalisten und Indianer. Als er jedoch im Spätsommer erfuhr, dass die Verstärkung, mit der er gerechnet hatte, ausbleiben würde, begann er, Trupps auszusenden, um das Gebiet zu sichern und Versorgung zu organisieren. Diese kleineren Einheiten waren ein bezwingbarer Gegner für die Norddivision der Kontinentalarmee unter dem Befehl von General Horatio Gates und die kolonialen Milizen aus den umliegenden Regionen, die als Verstärkung dazugestoßen waren. Ab der zweiten Augusthälfte bis in den Oktober hinein kam es immer wieder zu Zusammenstößen, so in Bennington am 16. August, bei Freeman's Farm am 19. September und auf Bemis Hights am 7. Oktober. Ohne dass eine dieser Auseinandersetzungen einen alles entscheidenden Sieg für die Amerikaner mit sich gebracht hätte, setzten sie Burgoyne und seinen Truppen erheblich zu. Mitte Oktober hatten die Briten bereits mehr als 1200 Tote zu beklagen. Ohne Nachschub und Ersatztruppen waren sie den Amerikanern damit weit unterlegen, und am 17. Oktober 1777, nicht ganz einen Monat, nachdem Howe Philadelphia besetzt hatte, **kapitulierte Burgoyne bei Saratoga** noch knapp 50 km nördlich von Albany, das er eigentlich hatte einnehmen wollen.

Französische Hilfe

Nicht ganz 20 Jahre vor dem Beginn der Unabhängigkeitsbestrebungen in den Kolonien hatte Großbritannien Frankreich im Siebenjährigen Krieg verheerend geschlagen und damit große Teile Kanadas gewonnen. Auch für die „Engländer" in den 13 Kolonien hatte Frankreich damals als Feind gegolten. Mit dem Ausbruch des Krieges gegen das Mutterland begannen sie jedoch, sich nach europäischen Verbündeten umzusehen. Von Anfang an hatten viele der Patrioten im Kongress darauf gedrängt, sich um eine **Allianz mit den bourbonischen Mächten Frankreich und Spanien** zu bemühen – beides erbitterte Rivalen der Briten. Die Franzosen hatten ihrerseits den Ausbruch der Unruhen in Amerika aufmerksam und mit viel Sympathie verfolgt. Zunächst zögerte man allerdings, aktiv einzugreifen, und wartete ab, wie sich die Situation weiter entwickeln würde. Es gab Pläne, die an verschiedenen Enden der Welt eingebundenen Briten in Europa direkt zu attackieren und sich so ihre Bedrängnis in den Kolonien zu Nutze zu machen. Nach der Schlacht von Saratoga erkannte man in Paris jedoch, dass der Konkurrent in Amerika am ehesten angreifbar war, und die europäischen Pläne wurden zu Gunsten eines Bündnisses mit den Amerikanern verworfen. Am 6. Februar 1778 wurden ein Handels- und ein Allianzvertrag unterzeichnet, die Frankreich und die Vereinigten Kolonien miteinander verbanden.

Abb. 7: John Trumbull, Burgoyne kapituliert bei Saratoga

Später sollte vor allem letzterer Vertrag die junge amerikanische Republik vor große innenpolitische Probleme stellen, weil er ihrer Neutralitätspolitik in den Napoleonischen Kriegen im Weg stand. Im Februar 1778 aber bedeutete der **Eintritt Frankreichs in den Krieg** für die Kolonien einen außerordentlichen Gewinn.

Der strategisch wichtigste Beitrag der Franzosen war ihre **Kriegsflotte**. Die *Royal Navy* hatte den Briten lange Zeit einen entscheidenden taktischen Vorteil verschafft. Der Kongress war sich von Anfang an dessen bewusst, dass für einen Krieg, der sich größtenteils entlang der Küste zwischen Massachusetts Bay, Hudson River und Chesapeake Bay abspielte, eine nautische Ausstattung beinahe unentbehrlich war. Nur wenige Tage nach der Sanktionierung der Kontinentalarmee war daher auch der Plan für eine Kontinentalmarine verabschiedet worden, die jedoch aufgrund der mangelnden Infrastruktur nie wirklich in Aktion treten konnte. Eine Ausnahme bildeten nur die Gefechte auf dem Lake Champlain.

Bei einer Schlacht zu Wasser navigierte man im 18. Jahrhundert aneinander vorbei und bombardierte die Schiffe des Gegners. Obgleich es den Amerikanern gelang, einige Schoner mit Kanonen auszustatten und zusätzlich sogar einige kleinere Schiffe der Briten zu entern, waren sie für eine solche Seeschlacht nicht ausgestattet. Zu Beginn konzentrierte sich daher der amerikanische Seekrieg darauf, Versorgungslinien anzugreifen, wodurch man den Engländern schadete und von der Beute – meist Lebensmittel oder Munition – selbst profitierte. Zu diesem Zweck gab der Kongress zusätzlich gut 2000 **Freibeuter**-Kommissionen an private Schiffsbetreiber aus.

Nachdem die Franzosen den Bündnisvertrag unterschrieben hatten, segelten zunächst die zwölf Fregatten ihrer Mittelmeerflotte unter Admiral Jean Baptiste d'Estaing nach Amerika. Dort angekommen erklärte Frankreich England offiziell den Krieg. Kurz darauf folgte Admiral François-Joseph Paul de Grasse mit einem Verband von knapp 30 weiteren Schiffen. Diese nautische Präsenz veränderte den Charakter des Krieges in den folgenden Jahren. Die Häfen der südlichen Kolonien gewannen an Bedeutung. Sie galten als strategisch wichtige Ausgangspunkte für Expeditionen in die Karibik, einem weiteren Kriegsschauplatz der englisch-französischen Rivalität. Allgemein konzentrierten sich die kriegerischen Unternehmungen nun noch stärker auf die Küstenregionen.

Im Mai 1778 räumte General Clinton, der Howe als Oberbefehlshaber abgelöst hatte, auf Anweisung Londons Philadelphia, um sich stattdessen **wieder auf New York** zu konzentrieren. Er selbst hoffte, wie auch seine Vorgesetzten im Parlament, noch immer auf die große Entscheidungsschlacht, die zweifelsohne in der am härtesten umkämpften Region von New York stattfinden würde. Bei so einer direkten Begegnung wären die Briten klar im Vorteil gewesen. Nicht zuletzt aus diesem Grund hatten die amerikanischen Generäle ihr gesamtes taktisches Geschick darauf verwandt, diese Art der Konfrontation zu vermeiden.

Der Kriegseintritt Frankreichs mit seiner nicht zu unterschätzenden Flotte bedeutete, dass mehr Sorge getragen werden musste, auch eine Absicherung zur See zu gewährleisten. Unter diesem Gesichtspunkt war New York ebenfalls eine gute Wahl, denn die französischen Schiffe, die anders konstruiert waren als die britischen und mehr Tiefgang hatten, konnten die Sandbank *Sandy Hook* am Eingang des Hudsons nicht passieren.

Am 18. Juni 1778 verließen die letzten britischen Regimenter Philadelphia. Es wurde schnell deutlich, dass die schwere Ausstattung, die sie mitführten, einen Marsch über Land zu zeitaufwendig und gefährlich machen würde, so dass Clinton die Route kurzfristig änderte, um zur Küste zu gelangen und den Transport mit Hilfe der *Royal Navy* fortzusetzen. Die Kontinentalarmee hatte ihre Winterlager im Valley Forge verlassen und marschierte ebenfalls in Richtung New York und weiter zur Küste und verwickelte Clintons Truppen am 28. Juni bei **Monmouth** in ein Gefecht. Die Kämpfe dauerten fast den ganzen Tag, obwohl ein starkes Unwetter aufgezogen war, und am Ende gab es wieder keinen eindeutigen Sieger. Zwar gelang es den Briten, zu entkommen und ihren Weg nach New York fortzusetzen, gleichzeitig aber hatte diese Schlacht gezeigt, dass ihre Gegner von Jahr zu Jahr erfahrener und professioneller kämpften.

Valley Forge
Nachdem die Briten Philadelphia eingenommen hatten, zog sich die Kontinentalarmee von Dezember 1777 bis Juni 1778 nach Valley Forge am Schuylkill-Fluss zurück. George Washington beabsichtigte, die Wintermonate zu nutzen, um seine Truppen nach der Niederlage neu zu formieren. Unter der Ägide des in Preußen ausgebildeten Barons Friedrich Wilhelm von Steuben absolvierten die knapp 12.000 Mann ein hartes, aber effektives Trainingsprogramm. Obgleich die unzureichende Hygiene und die mangelnde Versorgung im Winterlager Valley Forge zahlreiche Opfer kostete, gilt es zusammen mit der Schlacht von Saratoga als entscheidender Wendepunkt des Krieges. Nicht zuletzt aus diesem Grund wurde Valley Forge später zu einem Symbol für amerikanische Durchhaltekraft, das auch Barack Obama in seiner Inaugurationsrede 2009 beschwor.

Southern Strategy

Nachdem Clinton Ende Juni in New York angelangt war, schlug Washington 80 km nördlich in West Point sein Lager auf. Der Rest des Jahres 1778 war von einer Atmosphäre des Abwartens geprägt. Zu Beginn des Krieges hatten die Briten erwogen, die Rebellion von Süden her zu bekämpfen, diese Strategie jedoch nach einem ersten gescheiterten Seeangriff auf Charleston in South Carolina bereits 1776 zurückgenommen. Als die Situation im Norden und in den mittelatlantischen Kolonien nun festgefahren erschien, wurden diese früheren Überlegungen wieder aufgegriffen. Es gelang sehr rasch, nach Georgia vorzustoßen und die beiden wichtigsten Städte, **Savannah und Augusta**, innerhalb von nur zwei Wochen zu erobern. Erst ein knappes Jahr später hatten die Amerikaner ihre eigenen und die französischen Truppen sowie die Milizen im Süden soweit koordiniert, dass sie einen Gegenangriff wagten. Im Oktober 1779 versuchten sie vergeblich, Savannah zurückzugewinnen; das Herannahen der Hurrikan-Saison hatte sie zu einem verfrühten Angriff gezwungen. Ein halbes Jahr darauf, im Mai 1780, war Clinton mit Verstärkung im Süden eingetroffen, während die Kontinentalarmee noch immer zum größten Teil in New York stand. Nach einmonatiger Belagerung ergaben sich **Charleston** in South Carolina, die reichste Stadt der Kolonien, und die 5500 Soldaten der Kontinentalarmee, die sie verteidigt hatten. Problemlos konnten der stellvertretende britische Kommandeur Lord Charles Cornwallis, der die Kampagne im Süden koordinierte, und seine Truppen Mitte August bei **Camden** auch die neu eingetroffenen Regimenter der Kontinentalarmee unter General Gates besiegen. Gates – vielleicht seiner selbst zu sicher nach dem Sieg von Saratoga – hatte sich auf eine offene Schlacht eingelassen, musste jedoch schnell erkennen, dass seine Seite unterlegen war. Bereits kurz nach den ersten Schüssen brachen die amerikanischen Linien auf, und sowohl die Soldaten als auch die an ihrer Seite kämpfenden Milizen ergriffen die Flucht.

Die britische Führung war der Ansicht, dass nach diesen Erfolgen der Süden praktisch gewonnen sei, nicht zuletzt weil man sich weiterhin auf die Unterstützung der Loyalisten verließ. Kronloyale Exilanten in London hatten immer wieder betont, dass im Süden eine starke Basis an Königstreuen zu erwarten sei, und die Erinnerung an einen großen loyalistischen Aufstand in North Carolina gleich zu Beginn des Krieges schien dies zu bestätigen. Cornwallis blieb mit einem kleineren Kontingent zurück, während die restlichen Truppen nach New York zurückkehrten. Zunächst schien sich diese Strategie als richtig zu erweisen. Die Schlacht von Camden war nicht nur von erheblicher Bedeutung für die Moral im englischen Lager, sondern verschaffte Cornwallis auch eine hervorragende Ausgangsposition, um weiter nach North und South Carolina zu ziehen. Er rechnete kaum mit Widerstand, vielmehr erwartete er, dass eine große Zahl an Loyalisten sich seinen Truppen anschließen würde. Es war sogar explizite Strategie, die britischen Soldaten möglichst im Hintergrund zu halten und stattdessen die Loyalisten zu mobilisieren. Auf diese Weise sollte der **Konflikt „amerikanisiert"** werden, vor allem um die Zahl britischer Opfer zu verringern und Ressourcen zu sparen, die langsam begannen knapp zu werden.

Oberbefehlshaber Henry Clinton hatte zu diesem Zweck erklären lassen, dass jeder, der sich weigere, die britische Armee aktiv zu unterstützen – also auch wer versuchte, neutral zu bleiben – als Rebell eingestuft würde. Dagegen gab es Begnadigungsversprechen für diejenigen, die sich zuvor aufrührerisch betätigt hatten, aber jetzt bereit waren, sich von der Revolution abzuwenden. Allerdings hatte diese Taktik eher einen gegenteiligen Effekt. Viele Loyalisten der ersten Stunde fühlten sich durch die Nachsicht, die die englische Seite ehemaligen Rebellen entgegenbrachte, verraten. Immerhin hatte es viele blutige Zusammenstöße unter den gegnerischen lokalen Verbänden gegeben. Sie zogen ihre Konsequenzen und wurden zurückhaltender in ihren Hilfeleistungen. Außerdem entschieden sich viele der Kolonisten, die versucht hatten, neutral zu bleiben, unter dem britischen Druck für die Revolution. Clintons Erklärung hemmte also nicht nur den Rückhalt unter den Loyalisten, sondern gereichte sogar den Patrioten zu Vorteil.

Die britischen Truppen sahen sich **Guerillaangriffen** vor allem der Carolina-Milizen ausgesetzt, die alle vorherigen Manöver dieser Art an Taktik und teils auch an Grausamkeit übertrafen. Darüber hinaus gerieten die angefachten Konflikte zwischen Loyalisten und Patrioten bald außer Kontrolle und verwandelten besonders die Carolinas, aber auch Teile Georgias in ein ständiges Kampfgebiet. Alte Antagonismen aus der Zeit der *Regulators* (vgl. Kapitel 1) brachen wieder auf und fachten den Hass weiter an. Die immer neuen Wellen der Gewalt entluden sich nicht ausschließlich gegen die britischen Truppen. In der Zeit zwischen Oktober 1780 und März 1781 erreichten diese Unruhen ihren Höhepunkt, und Cornwallis erkannte, dass seine militärischen Siege über die Kontinentalarmee keineswegs die Unterwerfung der südlichen Kolonien bedeuteten.

Das Ende des Krieges

Die *Southern Strategy* drohte zu scheitern, und Cornwallis sah seine letzte Chance in der Unterwerfung der wichtigsten Kolonie des Südens: Virginia. Sein Vorgesetzter, Clinton, war skeptisch, aber Cornwallis wandte sich direkt an London und erhielt von Kolonialminister Lord George Germaine die Bevollmächtigung. Ende Mai erreichten die Truppen unter Cornwallis Virginia, ohne die Carolinas wirklich befriedet zu haben. Er entschied sich für **Yorktown** als Hauptquartier, weil es, auf einer Halbinsel in der Chesapeake Bay gelegen, für ein Manöver zu Land ebenso wie zu Wasser strategisch günstig erschien. Allerdings übersah er die Gefahr, die seit dem Eintritt der Franzosen mit ihrer Marine gerade von See drohen konnte.

George Washington und der größte Teil der Kontinentalarmee befanden sich zu diesem Zeitpunkt noch in New Jersey. Unter dem Befehl des Grafen Jean-Baptiste de Rochabeau war dort 1780 zusätzlich ein großes Kontingent französischer Truppen eingetroffen. Nur eine kleine Abordnung hielt in Virginia die Stellung, befehligt von dem gerade 23-jährigen Marquis de La Fayette, der bereits 1777 als Freiwilliger – und Abenteurer – aus Frankreich gekommen war, um die Patrioten zu unterstützen. Der Plan, noch einmal New York anzugreifen, war noch nicht vom Tisch, besonders da dank der Verstärkung durch die europäischen Verbündeten die Siegeschancen auch bei einer offenen Schlacht um einiges gleichmäßiger verteilt gewesen wären. Als jedoch Anfang August die Nachricht kam, der französische Admiral de Grasse habe von der Karibik aus Kurs auf die Chesapeake Bay genommen, reifte der Plan, einen koordinierten Vorstoß in Virginia zu wagen. Bereits Ende August erschienen die Segel der französischen Flotte vor Yorktown. Kurz darauf, am 5. September 1781, ließen die Briten sich auf die größte Seeschlacht des Unabhängigkeitskrieges ein. Damit war die *Royal Navy* eingebunden und konnte den Truppentransport der Kontinentalarmee und ihrer französischen Verbündeten nicht unterbinden. Außerdem konnte de Grasse sich eine Position an der Mündung des York Rivers erkämpfen, die den in Yorktown verschanzten Truppen die Versorgung von See abschnitt. Washington und Rochambeau trafen eine knappe Woche später ein, vereinten sich mit La Fayettes Einheit und schnitten den Landweg nach Norden ab.

Cornwallis war eingekesselt, und der Ring schloss sich immer enger. Am 25. September erreichten Amerikaner und Franzosen die Stadtgrenze und begannen, Yorktown unter Beschuss zu nehmen. Auf Unterstützung durch General Clinton aus New York oder durch die Marine konnten die Belagerten nicht mehr hoffen. Nicht ganz drei Wochen hielten die Briten der amerikanischen Artillerie stand. Am 17. Oktober 1781, auf den Tag genau vier Jahre nachdem Burgoyne in Saratoga kapituliert hatte, ließ Cornwallis in Yorktown die weiße Fahne hissen.

Zwei Tage, nachdem Yorktown gefallen war, unterzeichnete Cornwallis offiziell die Kapitulation. Der Krieg war damit allerdings noch nicht beendet. Der einem Bürgerkrieg ähnliche Konflikt zwischen loyalistischen und patriotischen Milizen setzte sich in immer neuen Gewaltausbrüchen fort und war von beiden Seiten schwer unter Kontrolle zu bringen. Noch hielten die Briten einige der wichtigsten Städte der Kolonien besetzt. Der Allianzvertrag mit Frankreich aus dem Jahr 1778 schloss den separaten Frieden einer der beiden Koalitionspartner mit Großbritannien aus, und nach wie vor lagen die Engländer in Indien und in der Karibik mit den Franzosen im Konflikt, wo sie 1782, anders als in Amerika, entscheidende Siege erzielen konnten.

Die britische Öffentlichkeit war der Kriege in Übersee, vor allem in den amerikanischen Kolonien, überdrüssig. Armut und Inflation in England ließen die Niederlage in Virginia besonders fatal erscheinen. Lord North startete einen letzten verzweifelten Versuch, die Situation zu retten. Er bot den Amerikanern an, den *Status quo ante* wiederherzustellen und alle Gesetze, die das Parlament in den letzten 20 Jahren seit 1763 im Bezug auf die Kolonien verabschiedet hatte, für ungültig zu erklären. Diesen kaum ernstzunehmenden Vorschlag lehnten die Amerikaner erwartungsgemäß ohne weitere Diskussion ab. Im März 1782 trat North von seinem Posten als Premierminister zurück, mit ihm verließ auch der Minister für Kolonialfragen Germaine das Kabinett. Kurz darauf wurde Clinton aus New York abberufen. Sein Nachfolger, General Guy Carleton, war darum bemüht, die Kriegshandlungen zu einem raschen Ende zu bringen. Am 12. April 1782, nach sieben Jahren Unabhängigkeitskrieg, begannen in Paris die **Friedensverhandlungen**.

In den folgenden Monaten zogen die Briten ihre Truppen aus dem Süden ab, verließen im Juni zunächst Savannah und dann ein halbes Jahr später Charleston. Am 30. November 1782 lag ein vorläufiger Friedensvertrag vor. Weil aber mehrere europäische Nationen – neben England und Frankreich auch Spanien und die Niederlande – in die Angelegenheit verwickelt waren, sollte es noch einmal fast ein ganzes Jahr dauern, bis der Vertrag am 3. September 1783 endlich unterschrieben werden konnte. Georg III. musste nun garantieren, dass „er, seine Erben und seine Nachfolger alle Ansprüche auf Regierung, Besitz und territo-

Abb. 8: Unvollendetes Gemälde von der Unterzeichnung des Vertrags von Paris

riale Rechte" in den dreizehn ehemaligen Kolonien – jetzt vereinigten Staaten – von Amerika aufgaben.

Die Präambel des Vertrags beschwor die Freundschaft der beiden Länder, die mit Hilfe Gottes ihre „Missverständnisse und Differenzen der jüngsten Vergangenheit" rasch überwinden würden. Ganz so versöhnlich war man in London dann aber doch noch nicht gestimmt, und die englischen Delegierten weigerten sich, für das offizielle Gemälde zur feierlichen Unterzeichnung des Vertrags Modell zu sitzen. Es bleibt unvollendet.

4

Nach der Unabhängigkeit

Das Ende des Unabhängigkeitskrieges stellte die nun eigenständige Nation vor völlig neue Herausforderungen. Militärisch hatte sie gesiegt, aber wie sollte es weitergehen? Die politischen Organisationsstrukturen der Kriegszeit erwiesen sich schon bald als unzureichend. Immer deutlicher traten Gegensätze innerhalb der einst kolonialen Gesellschaft hervor und drohten die Einheit zu zerstören, die der Kampf gegen einen gemeinsamen Feind geschaffen hatte.

ZEITTAFEL	
1781	
17. März	Die Konföderationsartikel treten in Kraft
1783	
März	*Newsburgh Address*
Herbst	Militärische Unruhen in Philadelphia
1785	
März	Treffen in Mount Vernon
1786	
September	Annapolis-Konvent
Winter 1786/87	Shays' Rebellion
1787	
25. Mai	Verfassungskonvent in Philadelphia
16. Juli	Der „Große (Connecticut) Kompromiss"
17. September	Verabschiedung des Verfassungsentwurfs

1788	
21. Juni	New Hampshire ratifiziert als 9. Staat und die Verfassung erlangt damit Gültigkeit
1789	
30. April	George Washington wird als 1. Präsident vereidigt
September	Der Kongress verabschiedet die *Bill of Rights*
1790	
29. Mai	Rhode Island ratifiziert als letzter Staat die Verfassung

Die Konföderationsartikel

Als die Delegierten des zweiten Kontinentalkongresses 1776 den Schritt in die Unabhängigkeit wagten, war ihnen klar, dass so schnell wie möglich Regelungen getroffen werden mussten, um die Regierungsverhältnisse in Amerika zu klären. Der Wegfall jeglicher Bindungen an die englische Regierung hinterließ ein politisches Vakuum, denn vor allem fehlte ein übergeordnetes, verbindendes Element. In den einzelnen Kolonien hatte man bereits begonnen, Verfassungen auszuarbeiten, und es musste nun dringend festgelegt werden, auf welche Weise die „Vereinigten Staaten" sich vereinigen wollten. Besonders wichtig war es, die genaue Funktion des Kongresses innerhalb des politischen Gefüges zu definieren. Welche Rechte und Pflichten würde diese einzige zentrale Regierungsorganisation gegenüber den Einzelstaaten haben?

Am 12. Juni 1776, bevor überhaupt eine endgültige Entscheidung über die Unabhängigkeit gefallen war, berief der Kongress ein Komitee, in das je ein Vertreter aus jedem der 13 Staaten berufen wurde, um über eine Verfassung zu beraten. Einige prominente Abgeordnete, darunter Benjamin Franklin, hatten bereits Entwürfe vorbereitet und zum Teil sogar veröffentlicht. Die Grundlage für die Beratungen bildete aber ein Vorschlag des konservativen John Dickinson. Einen Monat nach der ersten Zusammenkunft – die Unabhängigkeit war inzwischen erklärt – wurden die Ergebnisse der Komiteearbeit im Kongress vorgestellt.

Knapp einen weiteren Monat lang dominierte das Thema die Debatten, musste dann jedoch Ende August 1776 vertagt werden. Die Situation konnte kaum ungünstiger sein, um solche grundlegenden Entscheidungen zu treffen. Im Sommer 1776 war der Krieg bereits in vollem Gange, die Briten standen kurz davor, New York einzunehmen, und der Kontinentalarmee mangelte es an Ausbildung, Waffen und Versorgung. Erst über ein Jahr später, nach dem Sieg bei Saratoga Mitte Oktober 1777, konnte der Kongress zur Frage der Regierungsorganisation zurückkehren. Die Verzögerung hatte den Entscheidungsdruck erhöht, und man war darauf bedacht, möglichst rasch zu einem Ergebnis zu kommen, denn die Probleme, die der Mangel einer klar definierten politischen Ordnung verursachte, zeigten sich täglich deutlicher. In den Verhandlungen mit Frankreich im Jahre 1777 brauchte der Kongress die Autorität einer offiziellen nationalen Vertretung. Darüber hinaus fehlte jede Handhabe, den Staaten ihren dringend notwendigen Beitrag für den Unterhalt und die Aushebung der Armee abzuverlangen. Am 15. November 1777 – der Entwurf hatte in anderthalb Jahren beträchtliche Veränderungen erfahren – verabschiedete der Kongress die dreizehn sogenannten Konföderationsartikel, die *Articles of Confederation*. Mit Artikel eins erhielten die USA ihren Namen. Die übrigen Artikel dienten der genauen Darlegung des föderativen Verhältnisses zwischen Einzelstaaten und Bundesgewalt. Entscheidend war, dass jeder Einzelstaat seine Eigenständigkeit behielt und nur die Rechte aufgab, die in den Konföderationsartikeln explizit der Nationalregierung übertragen wurden: Dazu gehörten etwa Entscheidungen über Krieg und Frieden, Verhandlungen mit anderen Nationen sowie Verträge mit den Indianern.

Ursprünglich handelte es sich bei den Vereinigten Staaten von Amerika somit eher um einen Staatenbund, der die entscheidende Souveränität bei den Einzelstaaten beließ und der zentralen Gewalt nur sehr begrenzte ausdrückliche Rechte einräumte. Dadurch, dass dieser Bund auf Dauer geschlossen worden war, unterschied er sich allerdings vom klassischen Staatenbund, in dem mehrere Staaten sich aus einer Notsituation heraus – etwa gegen einen gemeinsamen Feind – nur auf Zeit verbündeten. Die Autorität der Einzelstaaten wurde auch dadurch bekräftigt, dass die Konföderationsartikel erst nach Ratifizierung in allen 13 Staaten rechtskräftig werden konnten. Dieser Prozess dauerte mehr als drei Jahre, was nicht ausschließlich an der Kriegssituation lag. Am 1. März 1781 konnten sie offiziell in Kraft treten, nachdem sie de facto bereits galten. Sie sollten für die kommenden sechs Jahre die Verfassung der werdenden Nation bleiben, galten aber praktisch von Anfang an als reformbedürftig. In einem eiligen Kompromiss geschaffen, waren sie während der langwierigen Debatten und der sich noch länger hinziehenden Ratifikation von den Ereignissen überholt worden und erwiesen sich in der neuen politischen Realität bald als unzureichend.

Nachkriegsgesellschaft

Nachdem Charles Cornwallis Mitte Oktober 1781 bei Yorktown kapituliert hatte, war der Krieg in den amerikanischen Kolonien für Großbritannien beendet. Zwar hielten die Briten weiterhin einige Schlüsselpositionen besetzt, etwa die Städte New York und Charleston, aber das Truppenkontingent wurde nicht neu aufgestockt. Trotzdem setzten sich die Guerillakämpfe zwischen Patrioten und Loyalisten sowie die Zusammenstöße an den Siedlungsgrenzen fort, so dass den Bewohnern der Kolonien nur langsam klar wurde, dass der Kampf mit dem Mutterland tatsächlich gewonnen war. Die Friedensverhandlungen zogen sich hin. Ohne die Zustimmung der französischen Verbündeten konnte kein Abkommen mit Großbritannien geschlossen werden, beide europäischen Großmächte lieferten sich aber in der Karibik weiterhin heftige Seeschlachten.

Die Phase zwischen dem Ende der Kampfhandlungen mit Großbritannien im Herbst 1781 und dem endgültigen Friedensschluss im September 1783 war in Amerika trotz der Siegesfreude, die sich ab 1782 langsam durchzusetzen begann, von einer extremen Unsicherheit geprägt. Der unbekannten Zukunft, der man einst so hoffnungsfroh entgegengekämpft hatte, stand man angesichts der komplexen Anforderungen politischer und finanzieller Natur eher ernüchtert gegenüber. Die **Finanzkrise**, die sich mit dem Krieg in der atlantischen Welt ausgebreitet hatte und von England bis in die Karibik reichte, traf die junge Republik der USA besonders hart, da dort keinerlei etablierte Strukturen oder Sicherheitsmechanismen existierten. Außerdem hatte sich die Regierung in hohe Schulden verstrickt. Um den Krieg zu finanzieren hatte man nicht nur Geld von anderen Ländern geliehen, sondern auch von den Einzelstaaten und sogar von Privatpersonen. Der Druck von Papiergeld hatte die Inflation weiter vorangetrieben, und die Situation drohte außer Kontrolle zu geraten.

In dieser Atmosphäre traten **regionale und soziale Gegensätze**, die während der Kampfhandlungen in den Hintergrund gedrängt worden waren, besonders hervor. Die Regierungen der Einzelstaaten, die während des Krieges bereit gewesen waren, Kompetenzen abzugeben, waren nun darauf bedacht, Autorität zurückzugewinnen, um ihre speziellen Interessen besser vertreten zu können. Die Unterschiede zwischen Norden und Süden machten sich aufs Neue bemerkbar, und auch der Gegensatz zwischen den alten Siedlungsgebieten entlang der Küste und den neuen Regionen im Westen wurde immer deutlicher. Viele Angehörige der traditionellen kolonialen Elite beklagten außerdem, dass die Revolution zu einer zu starken Durchlässigkeit der sozialen Grenzen geführt habe, während die ärmeren und mittleren Schichten ihren Beitrag und die Opfer, die sie in Revolution und Krieg gebracht hatten, nicht ausreichend gewürdigt sahen.

Der Zusammenhang von sozialen und regionalen Differenzen wurde 1786 während **Shays' Rebellion** in Massachusetts besonders deutlich. Die von reichen Kaufleuten dominierte Regierung des Staates hatte mehrere strenge Gesetze verabschiedet, um die Rückzahlung von Schulden zu beschleunigen. Am härtesten trafen diese Forderungen die kleineren Farmer in den ländlichen Gebieten im Westen des Staates. Ihre Einkommen waren durch die rapide Inflation zusammengeschmolzen, und das inzwischen fast wertlose Papiergeld wurde zur Begleichung von Schulden nicht länger akzeptiert. Unter der Führung von Daniel Shays, der in der Kontinentalarmee gekämpft hatte, wandten sich etwa 800 aufgebrachte Schuldner gegen die Lokalregierung. Nach mehreren Monaten, in denen es immer wieder zu blutigen Zusammenstößen mit der Miliz kam, kehrte erst Ende Januar 1787 wieder Ruhe ein, nachdem Shays und seine Anhänger bei Petersham geschlagen worden waren. Neben der Uneinigkeit in der Gesellschaft zeigten diese Ereignisse einmal mehr, wie machtlos die Zentralregierung unter den Konföderationsartikeln war. Es fehlte ihr an Befugnissen, aber auch an praktischen Mitteln, um in Massachusetts einzugreifen.

Die Verbitterung des Veteranen Shays war kein Einzelfall. Bereits wenige Monate nach Kriegsende hatte sich beim **Militär** Unzufriedenheit und Unsicherheit breitgemacht. Trotz des Ideals einer Bürgerarmee war schon während des Krieges in den Regimentern eine deutliche anti-zivile Stimmung aufgekommen, weil sie sich immer und immer wieder von Kongress und Bevölkerung im Stich gelassen fühlten. Zum Ende des Krieges waren die Vereinigten Staaten hoch verschuldet, und mit dem Ende der Kampfhandlungen wurde die Bezahlung der Armee, sowohl der Offiziere als auch der einfachen Soldaten, ausgesetzt. Nun stand die Demobilisierung unmittelbar bevor, und es gab noch immer keine Garantien für eine Auszahlung des überfälligen Soldes, geschweige denn für die Lebenspension, die den Offizieren versprochen worden war.

Im Dezember 1782 erreichte den Kongress eine Petition vornehmlich hochrangiger Offiziere aus Newburgh im Staat New York. Das Schreiben begann mit einem ausdrücklichen Hinweis auf den Beitrag der Armee im Kampf um die Unabhängigkeit, der durchaus von Stolz auf die erkämpfte Freiheit zeugte. Am Ende ließ sich jedoch eine kaum verhohlene Drohung herauslesen: Wenn der Kongress seinen finanziellen Verpflichtungen gegenüber den Soldaten nicht nachkäme, sei „mindestens mit Meuterei" zu rechen. In den folgenden Monaten verschärfte sich die Stimmung im Lager der Kontinentalarmee bei Newburgh. Die Militärs erhielten Unterstützung von einigen Mitgliedern des Kongresses, die hofften, unter dem Druck einer unzufriedenen Armee sei die Bereitschaft größer, möglichst rasch die Konföderationsartikel zu reformieren und eine starke nationale Zentralgewalt zu schaffen.

Heute ist nicht mehr nachzuvollziehen, ob die Gefahr eines Militärputsches tatsächlich bestand, denn die sozialen Differenzen innerhalb der Armee zwischen Offizieren und Soldaten waren nicht minder gravierend als in der übrigen Gesellschaft. Darüber hinaus lief eine Militärregierung, die man stark mit der Welt des absolutistischen Europas assoziierte, den Zielen der Revolution klar zuwider. Angesichts der dürftigen Aktenlage muss ebenso unklar bleiben, ob Delegierte wie Alexander Hamilton oder Robert Morris tatsächlich direkt in die Angelegenheit involviert waren, und wenn ja, ob sie sich dessen bewusst waren, welche Gefahr sie heraufbeschworen. Anfang März zirkulierte ein anonymer Aufruf im Lager von Newburgh: Wenn die rechtmäßigen Forderungen der Armee nicht erfüllt würden, würde man sich weigern, in Friedenszeiten auseinanderzugehen, im Krieg hingegen nicht antreten. George Washington war sich des Unmuts seiner Truppe durchaus bewusst. Dem Kongress gegenüber hatte er wiederholt ihre Interessen vertreten und auf ihrem Recht insistiert, als ihm jedoch am 10. März die sogenannte *Newburgh Address* in die Hände fiel, war er zutiefst besorgt und handelte unverzüglich. Für den 15. März beraumte er ein Treffen aller Einheiten an. Augenzeugen erinnerten sich später an eine eindrucksvolle Rede, mit der er seine Untergebenen zu beschwichtigen vermochte. Die Legende erzählt darüber hinaus, wie Washington mit den Worten „Verzeihen Sie meine Herren, ich bin im Dienste meines Landes ergraut" seine Brille zückte und durch diese effektvolle Darstellung des alten, ehrwürdigen, doch demütigen Führers, die aufrührerischen Militärs beschämte.

Damit war ein möglicher Militärputsch zwar verhindert, aber der Unmut in den Rängen der Kontinentalarmee hielt an, denn eine Bezahlung blieb weiterhin aus. Im Sommer zog ein Regiment aus Pennsylvania nach Philadelphia und umstellte das State House, wo der Kongress tagte. Zunächst ließen sich die Soldaten zum Abzug bewegen, indem der Kongress versprach, sich unverzüglich ihrem Anliegen zu widmen, eine knappe Woche später jedoch geriet die Situation beinahe außer Kontrolle. Wieder war eine Einheit aus Pennsylvania in die Hauptstadt des Staates marschiert und **bedrohte den Kongress**, bis die Abgeordneten letztlich die Flucht ergriffen. In den folgenden Monaten hatte der Kongress keine feste Tagungsstätte; er wechselte zwischen Princeton, Trenton und Annapolis, bis schließlich zu Beginn des Jahre 1784 New York – die Briten hatten die Stadt im November 1783 geräumt – zum neuen Sitz des Kongresses erklärt wurde.

Bei der Niederlegung seines Amtes als Oberbefehlshaber im Mai 1784 bewies Washington erneut Geschick zur Inszenierung. Gerade mit Blick auf die vorangegangenen Ereignisse in Newburgh und Philadelphia war es besonders wichtig, die Unterordnung der militärischen unter die zivile Gewalt zu demonstrieren. Feierlich übergab er seine Papiere dem Vorsitzenden des Kongresses und betonte, er wolle nun, nach Erfüllung seiner Aufgabe, ins Privatleben zurückkehren. Die Reputation und Beliebtheit, derer sich General Washington erfreute, machten ihn jedoch für die Staatsgründung offenbar unentbehrlich, und schon bald sollte er in die Öffentlichkeit zurückkehren, allerdings nicht mehr in militärischer, sondern in politischer Funktion.

Abb. 9: John Trumbull, George Washington legt seinen Oberbefehl nieder

Die Verfassung

Die unruhigen Jahre seit dem Kriegsende hatten die **Unzulänglichkeit der Konföderationsartikel** immer deutlicher gezeigt. An Reformvorschlägen, z. B. Versuchen, angesichts der ökonomischen Krise die Finanzmacht des Kongresses zu stärken, mangelte es keineswegs. Alexander Hamilton hatte sogar schon 1781, bevor die Konföderationsartikel überhaupt vollends ratifiziert waren, eine Versammlung zu ihrer Überarbeitung gefordert. Damals aber war die Zeit noch nicht reif gewesen.

Seit Mitte der 1780er Jahre sank das Ansehen des Kongresses zusehends. Zum Teil war diese Entwicklung seiner politisch schwachen Position geschuldet. Weder in der monetären Krise noch im Umgang mit den Unruhen an den Siedlungsgrenzen oder bei der Administration der neuen Gebiete konnte der Kongress seine Autorität geltend machen. Es fehlte an realen Möglichkeiten die Macht auszuüben, die solche Aufgaben erforderte. Der Bevölkerung erschien die Versammlung bald als zögerlich und tatenlos.

Die nach wie vor nur vage definierte Position des Kongresses im Verhältnis zu den Einzelstaaten verlangsamte Entscheidungsprozesse und ließ auch manche der Delegierten ihre Befugnisse in einer zentralen Regierung in Frage stellen. Für viele Abgeordnete war es schwierig, ihre Loyalität zwischen der übergreifenden nationalen Versammlung und ihrem Heimatstaat aufteilen zu müssen. Mehr und mehr gelangten sie zu der Auffassung, dass die wichtige Entscheidungsgewalt bei den Lokalregierungen liege, und mit den Jahren blieben zahlreiche Abgeordnete der Versammlung in Philadelphia immer regelmäßiger fern. Die bekannten Politiker und Veteranen des Kontinentalkongresses hatten sich ab 1784 fast völlig aus der Kongresspolitik zurückgezogen oder waren in den Staatenversammlungen aktiv, wodurch diese zusätzlich an Einfluss und Geltung gewannen. Dadurch wirkte der Kongress umso blasser. Trotzdem, oder gerade weil die Schwäche dieser einzigen zentralen Institution so offensichtlich war, wurde der Ruf nach einer starken nationalen Regierung immer lauter. Im Zuge der unzähligen Reformversuche zeigte sich das grundsätzliche Problem der Konföderationsartikel: Durch eine Klausel, die Zusätze oder Veränderungen nur dann zuließ, wenn alle 13 Staaten einhellig zustimmten, war jede noch so notwendige Modifikation der ursprünglichen Bestimmungen praktisch unmöglich.

Im März 1785 fand in Mount Vernon, dem Landsitz George Washingtons, ein Treffen zwischen Maryland und Virginia statt, bei dem erfolgreich die Handelsrechte auf dem Potomacfluss ausgehandelt wurden. Auf der Grundlage dieser Erfahrung schlug James Madison, der Vertreter Virginias, im November desselben Jahres in der Lokalversammlung seines Heimatstaates vor, alle anderen Staaten zu einer Versammlung einzuladen, um eine **bundesweite Wirtschaftspolitik** auszuarbeiten. Es dauerte jedoch fast ein ganzes Jahr, bis im September 1786 in Annapolis, Maryland, ein solches Treffen zwischen fünf Staaten stattfand.

Die Kommissionäre kamen zu dem Schluss, dass auf Grund der engen Verknüpfung von Wirtschaft und Politik nur eine Überarbeitung der Konföderationsartikel die notwendigen organisatorischen Schritte ermöglichen würden. Sie beschlossen die Einberufung einer *Grand Convention*, zu der jeder Staat Abgeordnete senden sollte. Den Kongress forderten sie auf, eine entsprechende Versammlung zu billigen, denn er selbst sei nicht befugt, über eine Veränderung der Konföderationsartikel zu beraten. So sehr die Kongressabgeordneten sich der politischen Schwäche ihrer Institution bewusst waren, so sehr fürchteten sie – eingedenk ihrer Bindung an die jeweiligen Heimatstaaten – dass eine Umgestaltung der politischen Verhältnisse den Einzelstaaten ihre Autorität streitig machen würde. Aus diesem Grund zögerte man, die *Grand Convention* zu legitimieren. Die Versammlung zur Überarbeitung der Konföderationsartikel wurde jedoch auch ohne die offizielle Zustimmung des Kongresses für den Mai 1787 angesetzt, so dass den Abgeordneten letztendlich nichts anderes übrig blieb, als die Maßnahme gutzuheißen.

Mit Ausnahme von Rhode Island sandten alle Staaten Delegierte nach Philadelphia zur *Grand Convention* oder *Constitutional Convention* [Verfassungskonvent], wie sie sich schon bald nannte. Viele prominente Persönlichkeiten aus der Anfangsphase der Revolution waren nicht dabei. Thomas Jefferson und John Adams dienten als Gesandte in Europa – am französischen bzw. am englischen Hof. Auch Samuel Adams und Patrick Henry reisten nicht nach Pennsylvania, weil sie der Überzeugung waren, auf lokaler Ebene politisch mehr bewirken zu können. Die Delegation aus Virginia aber wurde angeführt von niemand geringerem als George Washington, dem man den Vorsitz der gesamten Versammlung übertrug. In den Augen der Öffentlichkeit trug seine Anwesenheit dazu bei, dem Unternehmen Glaubwürdigkeit und Legitimität zu verleihen. Eine noch entscheidendere Rolle aber sollte ein anderes Mitglied der Virginiadelegation spielen: **James Madison**, damals gerade 33 Jahre alt, hatte sich in seinem Heimatstaat bereits einen

Abb. 10: James Madison

Namen gemacht. Als Kommissionär in Annapolis war er besonders intensiv für die Einberufung einer breiteren Versammlung eingetreten. Er stand am Anfang seiner politischen Karriere, die ihn später bis ins Weiße Haus führen sollte. Madison verstand es, seine Argumente in Wort und Schrift klar und effektiv darzulegen. Sein Einsatz in den Verhandlungen des Verfassungskonvents sowie später während der Ratifikation und der Diskussion um die *Bill of Rights* begründete seinen Ruf als „Vater der Verfassung".

Nicht unter den besten Vorzeichen begannen am 25. Mai 1787 die Beratungen. Von verschiedenen Seiten wurde die **Rechtmäßigkeit der Versammlung** in Frage gestellt: Besonders von Seiten der Einzelstaatenregierungen kam Kritik. Unter den Abgeordneten selbst herrschte zwar Einigkeit darüber, dass die Konföderationsartikel revidiert werden müssten, die genauen Vorstellungen – beeinflusst primär durch regionale Interessen – waren jedoch nicht minder vielfältig als im Kongress.

Es stellte sich die Frage, auf welche Weise man der Bundesgewalt ausreichend Macht gewähren konnte, um Gesetze durchzusetzen, doch gleichzeitig die Gefahr des Missbrauchs bannte. Eine finanzielle Basis sollte geschaffen werden, die eine geregelte Einnahmequelle – etwa das

Recht, Steuern zu erheben – voraussetzte. Angesichts der jüngsten Geschichte und der Rolle, die die Steuergesetzgebung in der Unabhängigkeitsbewegung gespielt hatte, stellte allein schon diese Maßgabe ein schwieriges Problem dar. Gleichzeitig erinnerte man sich noch der Bedrohung, die von London ausgegangen war: Tyrannei, Machtanmaßung und Beschneidung der Rechte fürchtete man jetzt von einer zu starken zentralen Nationalregierung. Wie konnte also eine Republik vom Ausmaß der USA Bestand haben, ohne entweder der Tyrannei einer zu starken zentralen Nationalgewalt oder der Fraktionierung durch Einzelinteressen zum Opfer zu fallen?

Dem Verständnis von ‚Republik‘ entsprechend hatte darüber hinaus alle Macht vom Volk auszugehen. So war es in der revolutionären Rhetorik von Anfang an betont worden. Die blutigen Ereignisse im Rahmen von Shays' Rebellion im Westen von Massachusetts aber hatten die Frage aufgeworfen, wer genau das Volk sei und wie weit die soziale Elite in den politischen Versammlungen bereit war, ihm zu trauen. Viele argwöhnten, dass auch von dieser Seite Tyrannei drohe, nämlich die Mehrheitsdiktatur. Die Lösung sollte ein gleichmäßiges **System von Repräsentation** bringen, was sich jedoch als eine sehr diffizile Angelegenheit erwies.

Die Delegierten aus Virginia waren gut vorbereitet angereist, und ihr Sprecher Edmund Randolph präsentierte ihren Entwurf gleich am ersten Tag. Der sogenannte **Virginia Plan** basierte auf dem Konzept der **Gewaltenteilung** in Legislative, Exekutive und Judikative und sah vor, dass in der Legislative die Einzelstaaten proportional zu ihrer Bevölkerungszahl repräsentiert würden. Die Aufteilung der Gewalten musste nicht weiter debattiert werden, denn die meisten Verfassungen der Einzelstaaten hatten dieses Prinzip bereits anerkannt. Es galt als Schlüssel gegen den Machtmissbrauch, weil so die einzelnen Regierungszweige einander kontrollierten und im Gleichgewicht hielten [*system of checks and balances*]. Heiß diskutiert wurde aber die Frage nach den genauen Mechanismen innerhalb dieses Systems und vor allem die Zusammensetzung der Legislative. Hinter dem Vorschlag aus Virginia standen zwei Grundsätze: Zum einen kam die proportionale Repräsentation den bevölkerungsstärksten Staaten (allen voran Virginia selbst) zugute, gleichzeitig aber stellte diese Lösung den Versuch dar, sowohl die einzelnen Bürger als auch die Staaten in der gesetzgebenden Versammlung repräsentativ abzubilden.

Verhandlungen über den Virginia Plan beschäftigten den Verfassungskonvent während der ersten zwei Sitzungswochen. Die Vertreter der kleineren Staaten, wie New Jersey oder Delaware, verwehrten sich ausdrücklich gegen diesen Vorschlag und arbeiteten eiligst einen Gegenentwurf aus, den William Paterson aus New Jersey dem Plenum am 15. Juni 1787 vorlegte. In Anlehnung an die Konföderationsartikel schlug der *New Jersey Plan* vor, jedem Staat eine Stimme in der legislativen Versammlung zu gewähren. Der Entwurf fand schnell Anhänger. Den kleineren und mittelgroßen Staaten wurde auf diese Weise mehr Einfluss garantiert. Aber auch andere Repräsentanten sahen Vorteile in dieser Alternative, denn anders als der Virginia Plan erkannte Patersons Entwurf die Einzelstaaten explizit als politische Einheiten an und beließ damit mehr Macht in den Händen der Lokalregierungen. Die Probleme, die sich im Zusammenhang mit den Konföderationsartikeln stellten, wurden so allerdings nicht wirklich gelöst.

Nachdem die Verhandlungen in den folgenden Wochen kaum Erfolge zeitigten, sollte ein Ausschuss einen Kompromiss erarbeiten. Wichtige Vertreter des Virginia Plans, etwa James Madison (Virginia) und James Wilson (Pennsylvania), fürchteten zwar, ein Kompromiss werde auf eine Erneuerung der Konföderationsartikel hinauslaufen, aber sie wurden überstimmt. Einen guten Monat nach dem New Jersey Plan, am 16. Juli 1787, erläuterte Roger Sherman aus Connecticut, die treibende Kraft beim *Great Compromise* oder *Connecticut Compromise*, zu welcher Lösung man gelangt war: Die Legislative würde aus zwei Kammern bestehen, von denen die eine – das Repräsentantenhaus – proportional zur Bevölkerungszahl gewählt würde, wogegen in der anderen – dem Senat – je ein Vertreter pro Staat einen Sitz habe. In der Einbeziehung sowohl der Staaten als auch der Bürger zeigte sich ein weiterer Mechanismus von *checks and balances*, denn man hoffte, auf diese Weise regionale und soziale Fraktionierungen gegeneinander auszugleichen.

Mit der Annahme dieses Grundgerüstes noch am selben Tag war der Weg frei für die Aushandlung der genauen Details. Dazu gehörte auch die Frage nach der Zukunft der Sklaverei, die bereits beachtliches Konfliktpotenzial deutlich werden ließ. Genau aus diesem Grund aber ließ man das Thema letztlich beinahe gänzlich unter den Tisch fallen – mit Ausnahme der mehr als fragwürdigen *three-fifth clause* [→ Kapitel 5]. Am 17. September 1787, zwei Monate nach der Annahme des *Great Compromise*, verabschiedete der Verfassungskonvent den **Verfassungsentwurf** und übersandte ihn zur Ratifizierung an die Einzelstaaten. Die vielen gegenläufigen Vorstellungen und Interessen, die die Verhandlungen in Philadelphia geprägt hatten, waren damit keineswegs vom Tisch. Im Gegenteil, sie setzten sich nun in der Presse und in den lokalen Debatten fort. In den eigens für diese Abstimmung einberufenen Ratifikationsversammlungen ging es in jedem Staat außer um abstrakte politische Ideen der Verfassungstheorie aber vor allem auch um lokale Themen, persönliche Allianzen und pauschale Animositäten.

Der Ratifikationsprozess

In der Verfassung selbst war vorgesehen, dass sie erst nach Ratifikation durch mindestens neun der dreizehn Staaten Gültigkeit erlangen würde. Noch vor Jahresende hatten drei Staaten den Entwurf bestätigt, darunter auch Pennsylvania, das ob seiner Größe besonders ins Gewicht fiel. Während der ersten Monate des Jahres 1788 folgte die Zustimmung durch weitere Staaten – mit einer Mehrheit von nur 19 Stimmen war die Entscheidung in Massachusetts am knappsten. Dieser Prozess führte zu einer öffentlichen Debatte, die sich als prägend für die politische Kultur der jungen Republik erweisen sollte. Erstmals entstand eine staatenübergreifende Öffentlichkeit. Die Theorien und Argumente, die im Zuge der Ratifikationsdebatte entwickelt und publizierte wurden, werden bis heute zur Interpretation der Verfassung herangezogen.

Am 21. Juni 1788 stellte sich mit New Hampshire der neunte Staat hinter die neue Verfassung. Damit war die erforderliche Quote erreicht, und mit den Vorbereitungen für die Neukonstituierung des Kongresses erlangte die Verfassung ihre Gültigkeit. Die Billigung durch zwei der wichtigsten Staaten – Virginia und New York – stand jedoch noch aus, und wie schon bei der Unabhängigkeitserklärung herrschte die Meinung vor, dass nur Einstimmigkeit langfristiges Gelingen gewährleisten könne. In der Debatte um die Ratifikation in diesen beiden Staaten – als die Verfassung dem Recht nach bereits in Kraft getreten war – heizte sich die politische Diskussion besonders auf.

Den Fürsprechern des neuen Regierungsplans gelang ein geschickter Schachzug, indem sie sich als „Federalists" bezeichneten, obwohl sie eigentlich für eine starke Zentralregierung eintraten. Ihre Gegner, die tatsächlich viel mehr Wert auf den föderativen Aspekt der neuen Staatsordnung legten, musste sich damit abfinden, dass sie bald – irreführenderweise – als „Anti-Federalists" galten. Ein weiterer großer Nachteil für die *Anti-Federalists* war ihre Uneinigkeit. Die reichen Pflanzer hatten völlige andere Motive, den Verfassungsentwurf zu kritisieren, als etwa die Siedler der westlichen Regionen oder die Kaufleute in Pennsylvania und New York. Entsprechend unterschieden sich auch ihre Zukunftsvorstellungen, so dass ein einheitliches politisches Programm nie zustande kommen konnte, geschweige denn ein ernstzunehmender Gegenentwurf zur Verfassung. Die *Federalists* dagegen konnten in der Verteidigung der Verfassung eine klare und eindeutige Agenda vertreten. Drei der prominentesten Vertreter dieser Haltung, Alexander Hamilton, John Jay und James Madison, erreichten außerdem mit den *Federalist Papers*, einer viel beachteten und einflussreichen Veröffentlichung, eine große Leserschaft. Die Aufsatzsammlung wurde Ende 1788 als Buch herausgegeben, war aber zuvor bereits während der Debatten in Virginia und New York als Serie in renommierten Zeitungen erschienen.

Inmitten der Diskussionen um die Anerkennung in Virginia und New York war das Inkrafttreten der Verfassung kaum zeremoniell begangen worden, umso wichtiger wurde der Amtsantritt des Staatsoberhaupts. Obgleich zwei Staaten – North Carolina und Rhode Island – die Billigung der Verfassung noch fast ein ganzes Jahr lang herauszögerten, begannen die Regierungsgeschäfte, nachdem New York und Virginia gewonnen waren. Im April 1789 wurde **George Washington einstimmig zum 1. Präsidenten** der neuen USA gewählt und noch im selben Monat vereidigt.

Wenn auch die *Federalists* mit der letztendlich einstimmigen Ratifikation der Verfassung als Sieger in der öffentlichen Debatte erscheinen, so darf ein ganz entscheidender Erfolg der *Anti-Federalists* nicht übersehen werden. Neben ihrer Skepsis gegenüber der Machtkonzentration im Zentrum irritierte nämlich ein weiterer Punkt viele verschiedene Verfassungskritiker: Sie monierten das Fehlen einer Menschenrechtserklärung, einer **Bill of Rights**, die in den öffentlichen Debatten zwischen 1787 und 1789 überall in den Vereinigten Staaten vielfach Erwähnung fand. Mit den ersten zehn *Amendments* [Ergänzungsartikeln] zur Verfassung, die schon 1789 – noch bevor Rhode Island 1790 als letzter Staat die Ratifikation verkündet hatte – wurde dieser Forderung der *Anti-Federalists* Folge geleistet.

Warum aber war dieser Aspekt, der heute einen integralen Teil von Verfassungen und verfassungsähnlichen Dokumenten überall auf der Welt darstellt, so umstritten? Im 17. und noch weit ins 18. Jahrhundert hinein verband man mit dem Begriff der ‚Rechte‘ völlig andere Vorstellungen als heute. Sie galten gemeinhin nicht als dem Menschen natürlich eigen, sondern als Privilegien, die gewährt, hinweggenommen, eingeschränkt oder ausgeweitet werden konnten. Zwar bestanden bereits politische Theorien zum Naturrecht, aber im politischen Diskurs setzte sich dieser Ansatz erst langsam durch. Die *Bills of Rights*, wie sie etwa in einigen Verfassungen der amerikanischen Staaten existierten, orientierten sich zumeist am englischen Vorbild von 1689, mit dem das Parlament dem Monarchen mehr Mitspracherecht abgetrotzt hatte. Sie waren somit dem traditionellen Verständnis verhaftet, dem zufolge Rechte in den Bereich positivistischer, formaler Gesetzgebungen gehörten. Erste Veränderungen hatten sich in den neuen Staatenverfassungen im Zuge der Unabhängigkeit gezeigt – allen voran in der *Virginia Declaration of Rights* aus dem Jahre 1776. Aber noch der Berufung auf die „natürlichen und unveräußerlichen Rechte" aller Menschen in der Unabhängigkeitserklärung war eine lange Debatte über die Natur von Rechten vorausgegangen. Erst mit der Französischen Erklärung der Menschen- und Bürgerrechte – nicht zufällig im Revolutionsjahr 1789 wenige Monate vor den Ergänzungsartikeln zur US-Verfassung erschienen – setzte sich die Idee von natürlichen Menschenrechten im politischen Diskurs dauerhaft durch. Die amerikanische Unabhängigkeitserklärung war eines der ersten prominenten Dokumente gewesen, in denen die Idee von natürlichen, inhärenten Menschenrechten politisch Anwendung fand.

5

Freiheit? – Gleichheit? – Unabhängigkeit?

Politische Veränderungen und revolutionäre Umwälzungen definierten sowohl geographische als auch soziale und kulturelle Lebenswelten neu. Dieses Kapitel widmet sich denjenigen, die zwar inmitten der Ereignisse auf dem amerikanischen Kontinent lebten, aber außerhalb der aktiven Handlungsgemeinschaft standen und unterschiedlich mit dieser Situation umgingen: Während die Indianer versuchten, ihre Eigenständigkeit zu betonen und zu stärken, war es ein zentrales Anliegen anderer Gruppen, sich in die männlich-weiße Mehrheitsgesellschaft primär angelsächsischer Provenienz einzubringen. Die Amerikaner afrikanischer Herkunft – Sklaven wie Freie – aber auch die Frauen erkannten in der Rhetorik der Unabhängigkeitserklärung eine Chance, sich für eine Verbesserung ihrer Stellung in der Gesellschaft einzusetzen. Diese „Minderheiten" – wie in vielen Studien Schwarze, Frauen und Indianer gern pauschal bezeichnet werden – stellten jedoch in sich keineswegs homogene Gruppen dar.

Freiheit? Die Situation der Schwarzen in der Revolution

Crispus Attucks war das erste Opfer des Boston „Massacre" von 1770. Er war nicht nur einer von vielen Männern, die auf unterschiedlichen Schiffen anheuerten oder ihr Auskommen mit schlecht bezahlter Hafenarbeit bestritten, sondern gehörte darüber hinaus zu der Minderheit freier Schwarzer, die vor allem in den Städten der Nordstaaten zu überleben versuchten. Die meisten der Schwarzen in den Amerikanischen Kolonien waren Sklaven. Die Kernaussage der Unabhängigkeitserklärung, „… dass alle Menschen gleich erschaffen" seien, galt offenbar nur für den weißen Teil der Bevölkerung. Die Wirren des Unabhängigkeitskampfes boten zwar einigen Sklaven die Gelegenheit zur Flucht oder die Möglichkeit, sich durch Dienst in der Armee die eigene Freiheit zu erkämpfen. Eine landesweite, konsequente und systematische Befreiung der Sklaven gab es jedoch nicht. Die Mitglieder der revolutionären Elite – besonders aus den Südstaaten – darunter George Washington,

Thomas Jefferson, James Madison und viele mehr, besaßen selbst in der Regel eine beträchtliche Zahl an Sklaven. Sie sahen in dieser *„peculiar institution"* [„eigentümlichen Einrichtung"], wie das menschenverachtende System euphemistisch genannt wurde, ein notwendiges Übel. Zwar erkannten und thematisierten sie die moralische Verwerflichkeit der Sklaverei, sahen jedoch keine Möglichkeit ihrer Abschaffung, ohne wirtschaftlichen Niedergang und blutige Rache zu riskieren. Viele von ihnen hegten jedoch die Hoffnung, nach einer gelungenen Staatsgründung werde sich das Problem von selbst lösen. Für die Mehrheit der Gesellschaft aber, gerade im Süden, war die Sklaverei zu einer Selbstverständlichkeit geworden, die nicht weiter hinterfragt wurde. Vor allem fürchtete man Sklavenaufstände wie die Stono Rebellion von 1739 in South Carolina und zögerte daher, die Schwarzen zum Dienst an der Waffe heranzuziehen.

Weder in der Unabhängigkeitserklärung noch in der Verfassung wurde dem Schicksal der Amerikaner afrikanischer Herkunft Rechnung getragen. Im Gegenteil, die Bestimmungen zur Situation der Schwarzen (z. B. *three-fifth clause*) führten letztlich – bezeichnenderweise ohne jede Verwendung des Begriffes ‚Sklave' – zu einer Verschärfung der Verhältnisse, weil sie auf indirekte Weise die *„peculiar institution"* festigten. Dieses Dilemma der amerikanischen Staatsgründung bleibt bis heute spürbar.

In den 1770er Jahren war auch in den Nordstaaten die Sklaverei noch legal und akzeptiert. Aufgrund der Infrastruktur im Süden lag der Anteil von Sklaven an der Gesamtbevölkerung dort allerdings um ein Vielfaches höher. In Maryland lag er bei etwa 30 Prozent, in Virginia gar bei 40 Prozent. Die Plantagenwirtschaft im Süden, wo Tabak, Reis, Indigo und zunehmend Baumwolle angebaut wurde, basierte in ihrer gesamten Organisation auf Sklavenarbeit. Ähnliche Verhältnisse herrschten auch in Lateinamerika und auf den Zuckerplantagen der Karibik.

Seit dem 17. Jahrhundert war der Sklavenhandel ein blühendes Geschäft. Im sogenannten *Triangular Trade* [Dreieckshandel] wurden Rohstoffe aus den amerikanischen Kolonien nach Europa verschifft, dort luden die Schiffe verarbeitete Güter und fuhren nach Afrika. Hier verkaufte man die Ware und brachte Sklaven an Bord, um sie nach Amerika zu bringen. Dieser Kreislauf erwies sich für holländische, spanische, portugiesische und britische Schiffsbetreiber als äußerst lukrativ, vor allem weil sie kaum zusätzliche Vorkehrungen trafen, egal ob sie Tabakfässer nach Europa, Stoffballen nach Afrika oder Menschen nach Amerika transportierten. Erst als die Sterberate auf den Sklavenschiffen mit durchschnittlich 20 Prozent zu hoch wurde – und damit erhebliche finanzielle Verluste entstanden – gab es erste geringfügige Veränderungen. Dennoch blieb die Überfahrt eine Tortur, und auch nach der Ankunft konnte für die Sklaven kaum von einer Verbesserung ihrer Situation die Rede sein. Viele Faktoren bestimmten das Leben eines Sklaven, und es war etwas völlig anderes, Haussklave in New York zu sein als auf den Reisfeldern im tiefen Süden zu arbeiten. Es machte auch einen Unterschied, ob man einer von wenigen Sklaven eines kleineren Farmers war oder zusammen mit vielen anderen in den Sklavenquartieren der großen Plantagen lebte. Die Mehrzahl der Sklavenbesitzer hatte weniger als zehn Sklaven.

Nicht nur die Arbeitskraft der Sklaven brachte einen entscheidenden ökonomischen Vorteil, sondern auch der damit verbundene **Menschenhandel**. So war es nicht unüblich, dass ein Sklave im Laufe seines Lebens mehrfach weiterverkauft wurde, ebenso seine Kinder und Kindeskinder. Dieser Handel entfaltete sich innerhalb der nordamerikanischen Kolonien und darüber hinaus besonders mit der Karibik. Auch die florierenden Hafenstädte des Nordens profitierten vom Im- und Export dieser „menschlichen Ware". Mit der Erschließung neuer Gebiete im Westen des amerikanischen Kontinents stieg die Nachfrage nach kostenloser Arbeitskraft, und der interkoloniale Handel, der weniger Verlustrisiken barg als die Einschiffung neuer Sklaven aus Afrika, entwickelte sich zu einem immer lukrativeren Geschäft, so dass auch im Süden zunehmendes Interesse daran bestand, die Einfuhr neuer Sklaven zu verringern oder ganz zu unterbinden, um den Wert des eigenen „Eigentums" zu steigern. Vor diesem Hintergrund erklärt sich auch, dass Staaten wie Virginia und Maryland einer Eingabe im Verfassungskonvent 1788, den externen Sklavenhandel nur noch bis 1808 zu erlauben, zustimmten.

Der handschriftliche Entwurf Jeffersons für die **Unabhängigkeitserklärung** enthielt unter den Anschuldigungen gegenüber Georg III. auch einen Absatz, der ihm die Sklaverei und den Sklavenhandel zur Last legte. Auf diese Weise konnten die amerikanischen Kolonisten, die von dem menschenverachtenden System profitierten, jegliche Schuld daran von sich weisen. Diese Argumentation ist im amerikanischen Geschichtsverständnis vereinzelt bis weit ins 20. Jahrhundert anzutreffen.

Thomas Jeffersons eigene Haltung zur Sklaverei war alles andere als eindeutig und lässt die Widersprüchlichkeit der verbreiteten Einstellung seiner Zeit besonders deutlich werden. In die Pflanzeraristokratie Virginias hineingeboren, wuchs er wie selbstverständlich mit Sklaven auf und erbte später die Plantage seines Vaters. Einerseits sind von ihm eindeutig rassistische Aussagen überliefert, gleichzeitig aber äußerte er wiederholt moralische Bedenken gegen die Sklaverei und thematisierte auch den inhärenten Widerspruch zu den Prinzipien der Revolution. Mit seiner schwarzen Hausdienerin Sally Hemmings lebte er in einem langjährigen Verhältnis, aus dem mehrere Kinder hervorgingen. Zwar war es nicht unüblich, dass Herren auch sexuell über ihre Sklavinnen verfügten, doch eine dauerhaftere Beziehung dieser Art war seltener.

In der endgültigen Version der Unabhängigkeitserklärung findet sich der Absatz zur Sklaverei nicht mehr. An diese schwierige Thematik wollte man nicht rühren. Sie hatte schon in den Debatten immer wieder zu Spannungen zwischen Nord und Süd geführt und bedrohte die zerbrechliche, aber unbedingt notwendige Einheit der Kolonien.

Abgesehen vom Fehlen einer direkten Erwähnung der Sklaverei in einem so zentralen Dokument wie der Unabhängigkeitserklärung war die gesamte Rhetorik der Kolonisten gegen das Mutterland auf die Idee von persönlicher Freiheit aufgebaut, gegen Tyrannei und Unterdrückung. Aus heutiger Sicht ist es schwer nachvollziehbar, dass der offensichtliche Widerspruch zwischen Freiheitskampf und Sklavenhaltung die Zeitgenossen nicht konsequenter beschäftigte. In den 1740er Jahren hatte die erste Welle der religiösen Erweckungsbewegung durchaus Argumente gegen die Unterjochung der Schwarzen hervorgebracht, und gerade die Quäker sprachen sich immer wieder explizit dagegen aus. Sogenannte **Abolitionisten-Gesellschaften** [von *to abolish* = abschaffen] waren bemüht, dieser Thematik in der öffentlichen Debatte Aufmerksamkeit zu verschaffen. James Otis, Patriot der ersten Stunde, bezog schon früh eindeutig Position, blieb jedoch mir seiner klaren Aussage die Ausnahme. Schon in den 1760er Jahren, als er gegen die Steuergesetze wetterte, hatte er explizit betont, dass alle Menschen – weiß und schwarz – gleich erschaffen seien. Viele aber, die die Sklaverei als moralisch verwerflich brandmarkten – wie etwa Benjamin Rush, prominenter Arzt in Philadelphia und Mitglied einer der ersten Abolitionisten-Gesellschaften – besaßen selber Sklaven. Selbst unter den Quäkern gab es bis in die frühen 1770er Jahre hinein Sklavenhalter.

Die freien Schwarzen im Norden wie Crispus Attucks beteiligten sich während der 1760er und 70er Jahre aktiv an den Protestaktionen der Straße. So hatten sie auch direkten Zugang zu den gängigen Argumenten für Freiheit und Unabhängigkeit, und sie zögerten keineswegs, auf die offensichtliche Diskrepanz zwischen der revolutionären Ideologie und den realen Verhältnissen hinzuweisen und Veränderung zu fordern. Im Süden spielten die Hausklaven eine wichtige Rolle. Wenn sie bei weißen Gesellschaften bedienten, hörten sie politische Gespräche und konnten die Inhalte auch in den Sklavenquartieren verbreiten. Allerdings waren ihre Möglichkeiten aktiv zu werden sehr viel eingeschränkter als in den Nordstaaten. 1773 richtete ein Gruppe von Bostoner Sklaven eine **Petition an den Gouverneur** von Massachusetts, und kurz darauf ging ein weiteres Schreiben an die Delegierten der Lokalversammlung. Mit Hilfe von Weißen, die sich für sie einsetzten, versuchten einige, vor Gericht die Unrechtmäßigkeit ihres Status nachzuweisen und so ihre Freiheit zu erkämpfen. Zwar blieben diese Bemühungen zunächst ohne direkten Erfolg, aber sie bewirkten, dass die Problematik nicht länger aus dem öffentlichen Bewusstsein verdrängt werden konnte. Im weiteren Verlauf der Revolution gewannen abolitionistische Überzeugungen in den Nordstaaten immer mehr Gewicht und wurden in den neuen Verfassungen der einzelnen Staaten nach und nach verankert. 1784 war die graduelle Abschaffung der Sklaverei in den Gebieten Neu-Englands und in einem großen Teil der mittelatlantischen Region auf den Weg gebracht, auch wenn sie vielerorts erst Anfang des 19. Jahrhunderts endgültig umgesetzt wurde. Im Süden kam es dazu erst achtzig Jahre und einen blutigen Bürgerkrieg später.

Nicht zuletzt die Verdienste schwarzer Soldaten im **Unabhängigkeitskrieg** hatten zu dieser Veränderung beigetragen, obgleich zunächst die britische Seite für Schwarze die attraktivere Wahl darstellte. Ungeachtet der zahlreichen Kolonien innerhalb des Britischen Empire, die dank der Sklaverei florierten, sowie der aktiven Rolle der Briten im Sklavenhandel galt das Inselkönigreich als Vorbild der Freiheit, als „Mother of the Free", wie es noch über ein Jahrhundert später 1902 in Arthur Christopher Bensons Gedicht hieß, das Edward Elgar als *Land of Hope and Glory* vertonte. Schon im frühen 18. Jahrhundert hatten entflohene Sklaven stets versucht, an Bord eines Schiffes nach England zu gelangen. Als nun der bewaffnete Konflikt mit den Kolonien begann, erkannten die Briten schnell den strategischen Vorteil in der Rekrutierung von Schwarzen: Sklaven, zur Flucht ermutigt und bewaffnet, schürten bei den Amerikanern die Angst vor Aufständen, und so konnten die Briten ihren Gegnern auf diese Weise nicht nur wirtschaftlich schaden, sondern auch die Kampfmoral schwächen.

Der königliche Gouverneur von Virginia, John Murray, der 4. **Earl von Dunmore,** gab schon im November 1775 eine Proklamation heraus, die allen Sklaven, die sich der britischen Armee anschlossen, die Freiheit und sogar einen bescheidenen Sold versprach. Aus der großen Zahl von Freiwilligen, die sich darauf schon innerhalb der ersten Wochen meldeten,

stellte er *Dunmore's Ethiopian Regiment* auf. Über die folgenden Kriegs-
jahre bis 1783 flüchteten heutigen Schätzungen zufolge mehrere Tausend
Sklaven in die Britische Armee. Viele von ihnen verließen anschließend
die amerikanischen Kolonien oder siedelten sich in Kanada an. Einige
gingen nach Sierra Leone in die von den Briten eigens gegründete Kolonie. Jedoch nicht alle erlangten ihre Freiheit. Wer nicht eindeutig nach-
weisen konnte, auf der ‚richtigen' Seite an den Kampfhandlungen teilge-
nommen zu haben, lief Gefahr in anderen britischen Kolonien – besonders
in der Karibik – erneut versklavt zu werden. Dunmores Proklamation
spezifizierte außerdem ausdrücklich, dass das Freiheitsangebot nicht für
Sklaven loyalistischer Herren gelte. Es handelte sich also um eine rein
strategische Maßnahme und keineswegs um Bemühungen zur Emanzi-
pation der Schwarzen im Allgemeinen.

Nicht alle Sklaven, denen die Flucht von Plantagen gelang, schlugen
sich direkt auf die Seite des Königs. Einige schlossen sich schwarzen
Guerillatrupps an, die Plantagen überfielen, andere Sklaven befreiten
und Rachakte an ihren ehemaligen Herren begingen. Sie lieferten sich
außerdem Gefechte mit den amerikanischen Lokalmilizen und halfen
den Engländern so eher indirekt. Der entflohene **Sklave Titus** etwa, der
es später in der britischen Armee bis zum Oberst schaffte, war in New
Jersey bald berühmt und berüchtigt. Zeitweise hieß es „Colonel Tye",

Abb. 11: Suchanzeige für einen entflohenen Sklavenjungen

wie er sich inzwischen nannte, habe an die achthundert Anhänger und es gelang seinen Männern, den Anführer der New-Jersey-Miliz gefangenzunehmen.

Die Rolle der freien und unfreien Schwarzen, die **auf amerikanischer Seite** kämpften, veränderte sich im Laufe des Krieges mehrfach. Während der Kolonialzeit war es nicht üblich, in den lokalen Milizen Schwarze zu verpflichten. Wenn es jedoch zu kriegerischen Auseinandersetzungen kam, wurde diese Maßgabe immer wieder ausgesetzt, um genügend fähige Männer zu finden. Im Norden war man zu derlei Zugeständnissen eher bereit, weil dort aus demographischen Gründen die Angst vor bewaffneten Sklavenaufständen geringer war als im Süden. Auch als sich Anfang der 1770er Jahre die Lage in Massachusetts zuzuspitzen begann, befanden sich Schwarze unter den Freiwilligen in Lexington, Concord und auch noch in Bunker Hill. In der Regel erhielten sie sogar die gleiche Vergütung wie weiße Milizionäre. Mit der Professionalisierung der Kontinentalarmee aber wurden ab dem Sommer 1775 keine Schwarzen mehr zum Militärdienst zugelassen. Erst 1777, als der Nachschub an Freiwilligen und Rekruten sichtlich zu schwinden begann, änderten George Washington und seine Berater ihre Einstellung. Zunächst war es jedoch nur freien Schwarzen erlaubt sich zu melden, erst in den folgenden Jahren stimmten die Staaten im Norden nach und nach zu, auch Sklaven zum Dienst an der Waffe zuzulassen. Bezahlung gab es für sie nicht, dafür das Versprechen auf Freiheit. Die Sklavenhalter hingegen erhielten beträchtliche Entschädigungssummen. Im Süden war die Situation eine andere. Nur Maryland und Virginia duldeten überhaupt Sklaven in ihren Truppenkontingenten – in Virginia nur, wenn sie an Stelle ihrer Herren oder von deren Söhnen dienten. In den Staaten des tiefen Südens wehrte man das Drängen des Kongresses, Schwarze für den Krieg freizustellen, vehement ab. Den Sklaven in diesen Staaten war höchstens gestattet, sich – weit entfernt von den Plantagen – in der amerikanische Marine an den Kämpfen zu beteiligen.

Etwa je 20 Prozent der Truppen beider Kriegsparteien bestanden aus Schwarzen. Hinzu kamen 1779 auf Seiten der Amerikaner einige Verbände aus Haiti, damals Kolonie ihrer französischen Verbündeten. Anders als in allen späteren amerikanischen Kriegen bis zum Korea-Krieg in den 1950er Jahren fand während des Unabhängigkeitskriegs in den Kampfeinheiten gemeinhin keine Segregation – Trennung nach Hautfarbe – statt. Allerdings wurden alle Regimenter, auch jene, die ausschließlich aus Schwarzen bestanden, von Weißen befehligt.

Als in den ersten Jahren nach der **Staatsgründung** die Differenzen zwischen den Einzelstaaten wieder stärker hervortraten, erhielt auch die Problematik der Sklaverei neue Brisanz. Im Norden waren die meisten Schwarzen befreit, auch wenn sie noch immer zur ärmsten Schicht der Gesellschaft gehörten. Die Abolitionisten begannen an Einfluss zu gewinnen, und es wurden immer häufiger Stimmen laut, die eine landesweite Abschaffung der Sklaverei verlangten. Mit der Ausdehnung gen Westen stellte sich außerdem die Frage, wie die *„peculiar institution"* in den neuen Territorien gehandhabt werden sollte. Die Südstaaten sahen die Grundlage ihrer wirtschaftlichen Prosperität gefährdet, und ihr vehementes Pochen auf die Rechte der Einzelstaaten hing nicht zuletzt damit zusammen, dass sie den lokalen Regierungen die Autorität in der Sklavenfrage erhalten wollten. Als der Kongress – noch unter den Konföderationsartikeln – 1787 die sogenannte *North-West Ordinance* erließ, ein Gesetz, das die Besiedlung des nord-westlichen Territoriums regeln sollte, verbot er in diesem Gebiet die Sklaverei. Allerdings fehlte es an Macht und Mitteln, diese Bestimmung durchzusetzen. Viele der Siedler, die von den Südstaaten aus in Richtung Westen zogen, glaubten an den Erfolg und die Legitimität eines von Sklaven getragenen Wirtschaftssystems. Entgegen den Bestimmungen des Kongresses begannen sich daher in den neuen Gebieten schon bald erste Strukturen dieser Art zu entwickeln. Außerdem hatten die sklavenhaltenden Staaten ein Interesse daran, möglichst viele der neu in die Union eingegliederten Staaten auf ihrer Seite zu haben – vor allem so lange im Kongress laut Konföderationsartikeln jeder Staat genau eine Stimme hatte. Der Konflikt um die Regelung der Sklavenfrage in den neuen Staatsgebieten dominierte die Politik der jungen Republik noch während der gesamten ersten Hälfte des 19. Jahrhunderts. Er war der Hauptauslöser für den nachfolgenden Bürgerkrieg.

Schon als der **Verfassungskonvent** 1787 zusammengetreten war, um die *Articles of Confederation* zu überarbeiten, war der Konflikt zwischen Norden und Süden deutlich spürbar gewesen, und das Thema Sklaverei beschäftigte die Delegierten in langen Diskussionen. South Carolina und Georgia hatten gedroht, sich aus der Föderation zurückzuziehen, sollte diese versuchen, ihnen die Befreiung aller Schwarzen zur Auflage zu machen. Dass die Südstaaten aber alles in allem die Oberhand behielten, beweist kein Dokument besser als die Verfassung selbst. Wie schon in der Unabhängigkeitserklärung wurde jede direkte Benennung von Sklaverei tunlichst vermieden. Stattdessen wurde durch ein taktisches Rechenexempel dafür Sorge getragen, dass die Sklaven – denen keinerlei politische Rechte zustanden – dennoch zu einem Fünftel gezählt wurden, wenn es um die Bemessung der Repräsentationsquote für den Kongress ging. Diese später berüchtigte *Three-fifth-clause* [Drei-Fünftel-Klausel] garantierte den Sklavenstaaten im Repräsentantenhaus über Jahrzehnte hinweg die entscheidende Mehrheit.

Damit hatte die Revolution zwar den Schwarzen im Norden die Freiheit gebracht, jedoch noch lange keine Gleichberechtigung oder Anerkennung. Im Süden verband sich falsch verstandener Lokalpatriotismus mit Rassismus und wirtschaftlichen Interessen. Dazu kam ein starrer Glaube an das unantastbare Recht auf Eigentum – und als solches sahen die Vertreter der Südstaaten auch ihre Sklaven – und Selbstbestimmung, das es gegen Angriffe aus dem Norden zu verteidigen gelte. Unter diesen Bedingungen konnte die gutgläubige Hoffnung einiger prominenter Gründerväter, dass der moralische Makel der jungen Nation sich mit der Zeit auswachsen werde, nicht in Erfüllung gehen. Stattdessen verschärften sich die Spannungen, bis sich das explosive Potenzial im blutigen Bürgerkrieg der 1860er Jahre Bahn brach. Erst er brachte – so sah es Abraham Lincoln – die Vollendung der Revolution.

Gleichheit? Die Rolle der Frauen in der Revolution

„Remember the Ladies" – „Bedenket die Frauen!" mahnte Abigail Adams in einem Brief an ihren Ehemann John Adams, als er mit den übrigen Vertretern im Kontinentalkongress 1776 in Philadelphia um die Unabhängigkeit und um eine Reorganisation der Regierung rang. Im gesellschaftlichen Verständnis der Zeit hatten Frauen eine passive Rolle einzunehmen. Dennoch darf der Beitrag der Frauen zur Revolution und zum Unabhängigkeitskrieg nicht unterschätzt werden.

Für die Kolonistinnen, die nicht entlang der Siedlungsgrenze lebten, war die direkte Beteiligung am Kriegsgeschehen eine neue Erfahrung, die ihnen Gewaltiges abverlangte. Neben der psychischen Belastung durch die Ungewissheit und Sorge um Ehemänner, Söhne und Väter mussten sie neue Situationen meistern, trotz Knappheiten ihre Familien ernähren, mit Belagerungen umgehen und Plünderungen erdulden.

Frauen aus ärmeren Lebensverhältnissen, die ohne das Einkommen ihres Mannes ihren Haushalt nicht weiterführen oder ihr kleines Stück Land bewirtschaften konnten, verkauften meist ihre feste Habe und begleiteten ihre Männer in die Armee. Dort verdingten sie sich als **Köchinnen, Wäscherinnen oder als Aushilfen** noch näher an der Frontlinie, wo sie Verwundeten halfen oder Wasser zum Kühlen der Kanonen trugen. Man bezeichnete sie als *Campfollowers* [am ehesten mit dem veralteten Begriff „Marketenderin" zu übersetzen]. Dass Frauen in diesen Kriegswirren gezwungen waren, neue Rollen zu übernehmen, überrascht nicht. Es gibt viele Legenden von Kämpferinnen, Spioninnen und Kundschafterinnen, und nicht selten übernahmen Frauen tatsächlich derartige Aufträge, weil sie gerade ob ihrer Weiblichkeit am wenigsten Verdacht erregten.

Ähnliche Phänomene hatte es bereits in europäischen Kriegen gegeben – besonders etwa im 30-jährigen Krieg (1618–1648), der in seinem Einfluss auf das zivile Leben unter den frühneuzeitlichen Kriegen dem Unabhängigkeitskrieg am ehesten vergleichbar ist. Hier allerdings blieb eine direkte Einbeziehung der Zivilbevölkerung auf die Gebiete in unmittelbarer Nähe der Kriegsschauplätze beschränkt. Die neuartigen Guerillataktiken der amerikanischen Kolonisten gerade in den südlichen Staaten waren aber nur möglich, weil sie Rückhalt in der Bevölkerung hatten. Deshalb kann für den amerikanischen Unabhängigkeitskrieg erstmals von einer eindeutigen **Heimatfront** gesprochen werden, weil der Krieg auch fern der Kampfgebiete jeden Lebensbereich tangierte. Die Grenzen zwischen militärischem und zivilem Leben verschwammen.

Bereits vor Ausbruch des Krieges und noch vor der Unabhängigkeitserklärung erwiesen sich die Frauen als wichtige Akteurinnen im nichtmilitärischen organisierten Widerstand und für die Mobilisierung der Zivilbevölkerung. Während der **Proteste gegen den *Stamp Act*** waren auch sie Teil des Mobs, der Zollhäuser stürmte, durch die Straßen zog und unter ‚*Hurrah*'-Rufen Strohpuppen verbrannte. Wie später in der französischen Revolution die Bäckerinnen von Paris nach Versailles zogen, um ihrem Ärger über Marie Antoinettes Dekadenz Luft zu machen, wussten auch die Frauen von Boston ihrer Empörung Ausdruck zu verleihen. Allerdings waren ihre männlichen Mitpatrioten geteilter Meinung über dieses Verhalten. Diejenigen, die gemeinsam mit den Frauen durch die Straßen zogen, waren zumeist begeistert von dem weiblichen Eifer und Einsatz. Auch Männer wie Samuel Adams glaubten, die Briten würden, von der amerikanischen Willensstärke überzeugt, endlich einlenken, wenn sie erst sähen, dass sich der Patriotismus sogar auf die „Damen" erstreckte.

Beobachter aus den gehobenen Schichten jedoch waren erschüttert. Die Eliten der kolonialen Gesellschaft waren befremdet von dem Ausmaß an Brutalität und Aggressivität vieler Protestaktionen – besonders von der Praxis des Teeren und Federns. Sie fühlten sich vom ungehobelten Mob abgestoßen und konnten schon gar nicht die Zerstörung von

Privateigentum, wie der Häuser von Zollbeamten oder der zu besteu-
ernden Ware, befürworten. Dass auch Frauen an diesen Aktionen beteiligt waren, schien das Bild des rebellierenden Pöbels, dem jegliche Art
von Tugend fehlte, nur zu bestätigen.

Es gab jedoch auch eine ‚zivilisiertere‘ Form des Protestes, die in den
kommenden Jahren ganz besonders an Bedeutung gewinnen sollte: der
Boykott. Während der frühen Maßnahmen gegen den *Stamp Act* konnten Frauen sich kaum direkt beteiligen, denn es gab weder Juristinnen
noch Druckerinnen, die gestempeltes Papier benötigt hätten, und nur
ganz bestimmte Arten des Kartenspiels ziemten sich für Damen. Dieses
Gesetz tangierte sie folglich noch eher indirekt über ihre männlichen
rechtlichen Vormunde. Trotzdem wollten einige von ihnen ein Zeichen
setzen: Mehrere Bräute etwa verkündeten in einer New Yorker Zeitung,
sie würden ihre Verlobungen sofort lösen, sollten ihre Zukünftigen es
wagen, eine Heiratslizenz auf gestempeltem Papier zu beantragen.

Die **Townsend Duties** waren um einiges strenger als der *Stamp Act*
und belegten viele wichtige Handelsgüter mit Zöllen und Steuern. Dazu
gehörten Luxusgüter wie Möbel, Geschirr und modische Kleidung, aber
auch unzählige Produkte des täglichen Hausgebrauchs wie Zucker,
Klebstoff, Kurzwaren und allen voran Tee. Die Wortführer des Protests
erkannten schnell, dass es jetzt auf die Frauen ankam. Immer öfter
wandten sie sich in ihren Aufrufen zum Boykott direkt an die weibliche
Bevölkerung. Als Herrinnen über den Haushalt konnten zumeist die
Mütter und Ehefrauen entscheiden, was sie wo einkauften. Ihre Kreati-
vität war gefragt, um schwer erhältliche Produkte zu ersetzen und so
Alternativen zu den importierten Gütern zu finden. Sie kochten Tee aus
heimischen Kräutern oder Rindenkaffee, zum Färben von Stoffen verwandten sie Beerensaft. Auf modische Hüte wurde verzichtet.

Die Frauen taten jedoch mehr, als nur durch Kaufverhalten und
Haushaltsführung Einfluss zu nehmen. Mit der Industrialisierung der
englischen Textilindustrie war es immer unüblicher geworden, Beklei-
dung selbst herzustellen. Nun aber wurde propagiert, statt teurer Kleider
lieber **Homespun** [Selbstgesponnenes und Selbstgenähtes] zu tragen.
Zeitungen veröffentlichten Anleitungen zum Weben, Spinnen und
Handarbeiten. Die 21-jährige Charity Clarke erklärte selbstbewusst in
einem Brief an einen Freund in England, wenn Großbritannien nicht
bald einlenke, werde man in Amerika „ein große Zahl von Frauen mit
Spinnrädern bewaffnen“. In Anlehnung an die Schlüsselorganisation der
Männer nannten sich Frauengruppen „*Daughters of Liberty*“ [Töchter
der Freiheit], und Frauen verschiedenen Alters und unterschiedlicher

Herkunft trafen sich zu sogenannten *spinning bees* [Spinntreffen], bei denen sie gemeinsam nähten und webten. Diese Veranstaltungen fanden meist im örtlichen Pfarrhaus statt oder auf dem Marktplatz, denn immer öfter zogen sie sogar Zuschauer an. Zeitungen stürzten sich auf derartige Ereignisse, lobten die Frauen für ihr patriotisches Engagement und ermutigten Leser und Leserinnen, es ihnen gleichzutun. Hier standen die Frauen im Mittelpunkt der Aufmerksamkeit. Erstmals wurden sie als **politische Akteurinnen** ernst genommen. Männer konnten sich höchstens damit brüsten, dass ihre Kleidung ausschließlich *homespun* war, also aus in den Kolonien gesponnenen Stoffen. Frauen hingegen waren unentbehrlich, um diese Materialien überhaupt erst herzustellen.

Diese Art des weiblichen Protests hatte einen nicht zu unterschätzenden Vorteil: Er war voll und ganz vereinbar mit dem traditionellen Frauenbild. Die Spinnerinnen blieben in ihrer Sphäre, dem Haushalt, und verrichteten handarbeitliche – also typisch weibliche – Aufgaben. Anders als beim Protest auf den Straßen wurde ihre Weiblichkeit nicht kompromittiert und ihre Tugend nicht bedroht. Auf diese Weise politisch wahrgenommen zu werden, bedeutete für viele Frauen dennoch eine Veränderung in ihrem Selbstverständnis. Sie konnten sich erstmals direkt mit den politischen Belangen der Kolonien identifizieren, was zuvor nur über ihre Männer möglich gewesen war.

Als im Oktober 1775 die Männer in Philadelphia gerade ihre Beratungen im Ersten Kontinentalkongress beendeten, trafen sich in **Ederton**, North Carolina, 51 Frauen in einem Privathaus und gründeten ihre eigene Vereinigung. Sie veröffentlichten eine Erklärung, in der sie ganz offiziell allen englischen Gütern entsagten. In einem feierlichen Akt unterschrieben sie ein Dokument, das dann in Zeitungen überall in den Kolonien abgedruckt wurde. Es fand sogar seinen Weg nach Großbritannien. Daraufhin schrieb ein Engländer an seinen Cousin in Amerika: „Habt ihr jetzt etwa in Ederton einen Frauenkongress? – Ich hoffe doch nicht, denn wir Engländer haben Angst vor dem männlichen Kongress, wenn aber nun die Damen, die schon seit dem Zeitalter der Amazonen sich als die vortrefflichsten Feinde erwiesen haben, wenn sie uns nun angreifen würden, so müssten wir die allerverheerendsten Konsequenzen befürchten." Der Brief lässt in seinem ironischen und herablassenden Ton vermuten, dass sich die Männer auf beiden Seiten des Atlantiks in einem einig waren: Dass Frauen in der Politik fehl am Platze seien.

Als Abigail Smith 1764, zunächst gegen den Willen ihrer Mutter, den aufstrebenden Anwalt John Adams heiratete, wusste sie noch nicht, dass sie einen der „Gründerväter" einer neuen Nation und späteren Präsidenten ehelichte. Die Briefe, die sich John und **Abigail Adams** während ihrer über 50-jährigen Ehe schrieben, zeugen von einer innigen Beziehung und tiefem gegenseitigen Respekt. Gleichzeitig entwickelte sich die politisch interessierte, scharfsinnige Abigail schnell zu einer ständigen Beraterin ihres Mannes. Sie bestärkte ihn in seinen Entscheidungen, beriet ihn in seinen Abwägungen und zügelte zuweilen seinen Ehrgeiz und sein Temperament. Als sich Ende März 1776 die Unabhängigkeit abzuzeichnen begann, schrieb Abigail ihre heute wohl bekanntesten Zeilen. Sie machte sich Gedanken darüber, wie eine zukünftige Rechtsordnung aussehen würde, und mahnte in diesem Zusammenhang, die Stellung der Frauen zu bedenken: „Wenn den Frauen nicht besondere Aufmerksamkeit gezollt wird, sind wir entschlossen, eine Rebellion zu beginnen, und wir werden uns von keinem Gesetz binden lassen, in dem wir kein Mitspracherecht haben und nicht vertreten sind". Ihr Tonfall und die Wortwahl erinnerte nicht von ungefähr an die **Rhetorik der Kolonisten** gegen die Unterdrückung durch das englische Mutterland. In seiner Antwort zeigte John Adams sich jedoch nicht von seiner fort-

A Adams

Abb. 12: Abigail Adams

schrittlichen Seite. Er erklärte neckend und gönnerhaft, dass die Männer ohnehin nur dem Anschein nach die Macht hätten und letztendlich dem weiblichen Charme, dem „Despotismus des Petticoat", unterlägen. Radikale gesetzliche Umwälzungen blieben aus. Das **Wahlrecht** auf Bundesebene erhielten amerikanische Frauen erst im Jahr 1919, genau 101 Jahre nach dem Tod Abigails – mit Ausnahme von New Jersey, wo durch einen Druckfehler in der Verfassung bei der ersten Wahl nach der Unabhängigkeit Frauen mit Grundbesitz (z. B. Witwen) wählen durften, was dann jedoch schnell korrigiert wurde.

Die Mehrheit der kolonialen und später der revolutionären Elite entstammte entweder dem Milieu der – meist protestantischen – weißen, gehobenen Mittelschicht der Nordstaaten oder der sogenannte Pflanzeraristokratie des Südens. Wenn auch das Leben in den Südstaaten etwas weniger puritanisch und dafür mehr vom französischen Lebensstil geprägt war, unterschied sich das Frauenbild kaum. Im Zentrum des weiblichen Aufgabenbereichs standen Familie und Religion. Kindererziehung und Haushalt waren die weibliche Sphäre, während der Mann sich um Finanzen und Politik kümmerte. Hier setzte auch **das neue Rollenverständnis** an, das sich nach der Revolution zu entwickeln begann.

Das staatstheoretische Ideal der neuen amerikanischen Nation basierte auf dem klassischen Republikverständnis, dem zufolge tugendhafte Bürger den Staat trugen – statt eines absoluten Herrschers. Diese Vorstellung aber zog ein Dilemma nach sich, denn die Bürger waren zwar aufgefordert, sich selbst zu regieren, durch eben diese Regierungsgeschäfte aber liefen sie Gefahr, korrumpiert zu werden. Politik und Macht galten als ständige Bedrohung der Tugend. Den Frauen kam nun in diesem Verständnis eine ganz entscheidende Aufgabe zu, die später als *„Republican Motherhood"* bezeichnet wurde: Sie galten als Wächterinnen der Tugend, hatten ihre Ehemänner auf dem rechten Weg zu halten und aus ihren Söhnen tugendhafte Bürger zu formen. Frauen blieben damit zwar im Privaten und von den direkten politischen Geschäften ausgeschlossen, die Aufgaben einer *„Republican Mother"* aber erforderten eine über die häusliche Sphäre hinausreichende Bildung. Neben Kochen, Handarbeit und Musizieren erlernten sie nun beispielsweise auch Latein und Griechisch, Geschichte und klassische Literatur. In den folgenden Jahrzehnten wurden spezielle Schulen und Colleges für Frauen eingerichtet.

Eine der ersten historischen Abhandlungen über die amerikanische Unabhängigkeit schrieb eine Frau: **Mercy Otis Warren** leistete ihren Beitrag zur amerikanischen Revolution mit der Feder. Schon vor der

Unabhängigkeit hatte sie mit bissigen Theaterstücken Stimmung gegen die Briten gemacht. Als Schwester von James Otis und verheiratet mit James Warren – einem prominenten Politiker der Unabhängigkeitsbewegung – hatte sie Zugang zu den Führungszirkeln der Revolution. 1805 veröffentlichte sie ihr dreibändiges Werk *History of the Rise, Progress, and Termination of the American Revolution.*

Die Revolution vermittelte Frauen ein neues politisches Selbstverständnis und schuf darüber hinaus die Grundlage für eine bessere Bildung von Frauen, die es ihren Töchtern und Enkelinnen ermöglichte, aktiv in der politischen Sphäre Einfluss zu nehmen.

Unabhängigkeit? Die Bedeutung der Revolution für die Indianer

Das Land, das Georg III. im Vertrag von Paris 1783 verlor, hatte ihm eigentlich nie gehört. Der amerikanische Kontinent war das Gebiet vielfältiger **Indianernationen**. Sie waren so unterschiedlich wie die Völker Europas, und ebenso wie dort gab es übergreifende Strukturen wie Bündnisse, Handelsverbindungen und Territorialrechte, die immer neu verhandelt wurden – nicht selten in kriegerischen Auseinandersetzungen. Die Ankunft der weißen Siedler zu Beginn des 17. Jahrhunderts hatte ihre Lebenswelt grundlegend verändert. Das Verhältnis zwischen den weißen Siedlern und den amerikanischen Ureinwohnern war jedoch keineswegs immer von einem binären Antagonismus geprägt, denn weder die eine noch die andere Seite stellte eine homogene Gruppe dar. Einige Stämme hatten sich im Laufe der Zeit geteilt, weil einige ihrer Mitglieder zum christlichen Glauben übergetreten waren, andere nicht. Ein Teil christianisierter *Delaware* im Norden der Kolonien lebte beispielsweise in Missionsdörfern der Herrnhuter Brüdergemeine, in denen die Missionare mit indianischen Dolmetschern predigten und die Gemeinde auf Delaware Hymnen sang. Nicht weit entfernt praktizierten ihre Stammesbrüder weiterhin die Rituale und Traditionen ihrer Ahnen.

Besonders die Jahre vor dem Siebenjährigen Krieg – oder *French-and-Indian War*, wie er in den amerikanischen Kolonien hieß – 1754–1763 waren eine Zeit komplexer diplomatischer Verhandlungen, multilateraler Verträge und **wechselnder Allianzen**. Großbritannien, Frankreich und Spanien waren um die Gunst der Indianer bemüht, vor allem um die der einflussreichen *Irokesen*-Föderation, die aus den sechs großen Nationen *Mohawk*, *Oneida*, *Onondaga*, *Cayuga*, *Seneca* und *Tuscarora* bestand. Eine wichtige Rolle spielten auch die Stammesgemeinschaften der *Cherokee* und der *Delaware*. Das Konzept der ‚Stämme', wie es die Europäer auf die indigenen Völker des amerikanischen Kontinents anwandten, täuscht darüber hinweg, dass es sich hierbei meist um nochmals vielfach untergliederte Gemeinschaften handelte.

Die Indianer ihrerseits wussten sich die Konkurrenz zwischen den europäischen Mächten zunutze zu machen, spielten sie zuweilen in Verhandlungen gegeneinander aus und konnten sich so eine neutrale und zeitweise durchaus starke Position im politischen Gefüge der Kolonien sichern. **Handel** wurde sowohl mit europäischen Gütern jeglicher Art getrieben, von der Teekanne bis zum Schaukelstuhl, als auch mit indianischen Produkten wie Fellen, Korbflechtereien, Mokassins und Kanus. Die beiden Lebenswelten begannen sich zusehends zu vermischen, und bald entwickelte sich eine gegenseitige Abhängigkeit. Während für die Indianer immer mehr europäische Produkte des täglichen Lebens selbstverständlich wurden, waren weiße Siedler im Umgang mit der fremden Umwelt nach wie vor auf das Wissen der indigenen Bevölkerung angewiesen, um den Anbau von neuen Feldfrüchten wie Mais oder Kürbissen und die Jagd auf die einheimischen Tiere zu erlernen. Indianische Anführer dagegen besuchten westliche Bildungseinrichtungen und wurden so zu wichtigen Vermittlern zwischen den Kulturen.

Auch wenn die Indianer sich im 17. und 18. Jahrhundert durchaus noch zu behaupten wussten, hatte der Kontakt mit den weißen Siedlern von Anfang an bereits auch **verheerende Konsequenzen**. Die Krankheiten, die über den Atlantik eingeschleppten wurden, vor allem die Pocken, Tuberkulose und Diphtherie, töteten die indigenen Bewohner ganzer Landstriche. Mit der Verwendung europäischen Waffen erhielten die innerindianischen Konflikte eine neue Dimension von Brutalität, und die Einführung von Alkohol – der oft als Währung verwendet wurde – untergrub indianische Gesellschaftsstrukturen.

Die negativen Konsequenzen der Kontakte mit den Europäern verschafften einer nativistischen **pan-indianischen Bewegung** Auftrieb. Die Anhänger des Propheten Neolin riefen dazu auf, allen Elementen der weißen Kultur abzuschwören. Nach dem Ende des *French-and-Indian War* wurde die Stärkung indianischer Einheit umso wichtiger, da Großbritannien mit dem Abzug der Franzosen als einzige europäische Macht auf dem nordamerikanischen Kontinent blieb. Diese Monopolstellung verschaffte den britischen Siedlern einen Machtgewinn, den sie rigoros nutzten, um weiter in indianische Gebiete vorzudringen und ihre Position in den Handelsbeziehungen zu stärken.

Im April 1763, im selben Jahr, in dem der Siebenjährige Krieg zu Ende gegangen war, trat ein Kriegsrat hauptsächlich aus *Ottawas, Delewares, Shawnees* und *Seneca* zusammen, aber auch vereinzelte Vertreter anderer Stämme kamen hinzu. **Pontiac,** ein charismatische Anführer der *Ottawa,* vertrat leidenschaftlich die Lehren Neolins. Er vermochte während des Treffens und auch schon auf seiner Reise dorthin große Teile der verschiedenen Gruppierungen zu vereinen und von seinen Angriffsplänen auf Fort Detroit zu überzeugen. Der ursprüngliche Überraschungsangriff am 7. Mai führte zwar nicht sofort zu einem indianischen Sieg, aber die folgende mehrmonatige Belagerung verwandelte die gesamte Region bis Ende Oktober 1763 in ein Kriegsgebiet. Zwei blutige Zusammenstöße britischer Truppen mit den *Ottawa* und ihren Verbündeten im Sommer sowie wiederholte Angriffe auf englische Siedlungen – französische Dörfer blieben verschont – forderten unzählige Opfer vor allem auf britischer Seite. Gleichzeitig griffen andere indianische Kampfverbände, angeregt von Pontiacs Reden und den Nachrichten über seine Erfolge, mehrere Forts in der Umgebung an. Der *Ottawa*-Chief hatte sich einen Namen als mutiger Anführer, strategischer Kämpfer, aber auch erbarmungsloser Gegner gemacht. Die Ereignisse des Jahres 1763 entlang der kanadischen Grenze galten schon bald als „Pontiacs Rebellion" oder gar **„Pontiacs Krieg".** Sie führten der britischen Regierung vor Augen, wie töricht ihre Missachtung der indigenen Bevölkerung gewesen war. Um Frieden zu erlangen, untersagte König Georg III. den europäischen Kolonisten die Besiedlung des Gebiets jenseits der Appalachen (die Bergkette trennte die 13 Kolonien von den Gebieten der heutigen Bundesstaaten Kentucky, Ohio, Michigan und Tennessee, die gerade erst im Krieg mit Frankreich gewonnen worden waren). In Amerika – unter den Weißen – wollte man diese Einschränkung keinesfalls akzeptieren. Die offizielle *Proclamation Line,* die der König entlang der Appalachen gezogen hatte, konnte dem anschwellenden Siedlungsstrom, der sich aus der wachsenden Zahl landhungriger europäischer Kolonisten speiste und von Landspekulationen zusätzlich angetrieben wurde, keinerlei Einhalt gebieten. Fünf Jahre später wurden die Siedlungseinschränkungen und die Rechte der indianischen Völker in Fort Stanwix bei Gesprächen zwischen indigenen Anführern und Vertretern der Krone neu verhandelt – aber auch die neuen Regelungen wurden vor Ort nicht umgesetzt. In Form von blutigen Angriffen übten die Indianer **Vergeltung für die anhaltende Verletzung ihrer Rechte** und das fortgesetzte Eindringen der weißen Siedler in ihr Territorium. Im Laufe der 1760er Jahre wurde die Lage an der Siedlungsgrenze immer gespannter.

Am Vorabend der Revolution lebten allein in und um die weißen Siedlungsgebiete östlich des Mississippi etwa 200.000 Indianer, die 85 verschiedenen Stämmen angehörten. Je nach Lebensumständen gestaltete sich auch das Verhältnis zu ihren europäischstämmigen Nachbarn: Nicht alle lagen im Krieg mit den westwärts drängenden Siedlern. Einige lebten in Gemeinschaften innerhalb der 13 Kolonien; etwa die *Stockbridge* in Massachusetts oder die *Abenaki* in New Hampshire. Sie waren auf ganz andere Weise in die koloniale Gesellschaft integriert und assimiliert als die Indianer entlang der Siedlungsgrenze, so dass sie zu den wenigen indigenen Gruppierungen gehörten, die sich auf die Seite der Revolutionäre schlugen. Aber auch die Stämme des umkämpften Ohiogebiets waren nicht von Beginn des Konflikts an glühende Unterstützer der Briten. Allerdings entschieden sie schnell, dass sie grundsätzlich eine Regierung im fernen London, die zumindest pro forma ihre Rechte anerkannt hatte, den amerikanischen Autoritäten, die sich vor Ort Souveränität anmaßten, vorzogen. Letztendlich war die Art ihrer Beteiligung an der Revolution so vielfältig wie die verschiedenen Stämme selbst. Allerdings dominierte unter den Indianervölkern zu Beginn des Unabhängigkeitskrieges eine Neigung zur **Neutralität**. Sie fürchteten, wie schon in früheren Kolonialkriegen zwischen die Fronten zu geraten und letztlich noch weiter geschwächt aus dem Konflikt hervorzugehen, der sie nur indirekt betraf.

Zwar gab es von Anfang an vereinzelte Indianer, die sich freiwillig zur **Kontinentalarmee** meldeten. Man weiß heute von ihnen, weil einige Einschreibungslisten überdauert haben, auf denen sich wiederholt „James Indian" oder „Peter Indian" findet. Einige der indianischen Soldaten unterschrieben auch mit ihren Stammesnamen. Diese Beteiligung am Krieg aber war eine individuelle Entscheidung, die meisten indianischen Anführer sandten sowohl den Briten als auch den Amerikanern offizielle Erklärungen, dass ihre Völker nicht beabsichtigten, in den Konflikt einzugreifen, vorausgesetzt sie würden nicht angegriffen.

Die Siedler der westlichen Regionen, besonders im Ohiogebiet, hegten seit 1763, als König Georg III. versucht hatte, mit der *Proclamation Line* ihre Siedlungsfreiheit einzuschränken, Ressentiments gegen die Krone. Sie waren nur allzu bereit, sich auf die Seite der Revolution zu schlagen. Der Kampf gegen das Mutterland erhielt damit in den westlichen Grenzgebieten eine zusätzliche Motivation und wurde mit besonderer Aggressivität geführt. Die Nähe und Vertiefung der Auseinandersetzungen machte es für die Indianer unmöglich, neutral zu bleiben. Darüber hinaus wurden sie von beiden Seiten umworben, denn man war sich des **strategischen Vorteils indianischer Verbündeter** bewusst und fürchtete stets, die andere Seite werde zuerst indigene Krieger rekrutieren. Ihre Art der Kriegsführung war dem Terrain am besten angepasst, und eine Allianz mit den Ureinwohnern hatte einen nicht zu unterschätzenden psychologischen Effekt auf den Gegner. Gerade in den Regionen entlang der Siedlungsgrenze war die Furcht vor indianischen Kämpfern groß – potenziert durch unzählige Legenden von wilder Grausamkeit.

Die Briten hatten die **besseren Voraussetzungen** in den Verhandlungen mit den verschiedenen indianischen Völkern: Sie konnten auf ein Netzwerk von Agenten zurückgreifen, die seit Jahrzehnten Beziehungen zu den Indianern pflegten und die diplomatischen Gepflogenheiten kannten. Darüber hinaus hatten sie die wirtschaftlichen Mittel, um ihre Verbündeten mit Decken und Waffen auszustatten und sie mit Geschenken zu bedenken, ein Ritual dem in der indianischen Tradition viel Bedeutung beigemessen wurde. Die Amerikaner hingegen hatten kaum ausreichend Mittel, um ihre Armee auszustatten, geschweige denn ihre indianischen Hilfstruppen und deren Familien.

Es waren jedoch keineswegs ausschließlich materielle Faktoren, die letztlich die überwiegende Mehrheit der Stämme auf die britische Seite trieben. Der erbitterte Konflikt an der Siedlungsgrenze ließ keinen Zweifel daran, dass die weißen Amerikaner, wenn die Unabhängigkeit vom Mutterland gewonnen wäre, weiter ins Innere des Kontinents vordringen würden. Nur wenige Indianer ließen sich von der Argumentation einiger Stammesgenossen überzeugen, dass eine Allianz mit der Revolution eine bessere Position in der neuen Nation verspreche. Zu oft hatten die Amerikaner bereits **Verträge gebrochen**. Schon die vollkommene Missachtung der *Proclamation Line* von 1763 und der später verhandelten Einschränkungen von 1768 hatte dies deutlich gezeigt. Hinzu kam, dass sich der Konflikt in den Grenzregionen durch fortwährend Angriffs- und Vergeltungsschläge verhärtet und brutalisiert hatte und daher auf beiden Seiten der Hass so tief saß, dass weder der Kongress in Philadelphia noch die Anführer der verschiedenen indigenen Völker ihn kontrollieren oder mäßigen konnten.

Die unterschiedlichen Vorstellungen über die beste Verhaltensweise in dem fremden Konflikt schuf **Uneinigkeit innerhalb der Stämme**. Militantere Mitglieder verließen ihre Gemeinschaft, um sich einem anderen Stamm anzuschließen, in dem Gleichgesinnte die Mehrheit hatten. Manchmal vereinigten sich auch Mitglieder verschiedener Stämme, die aus ganz unterschiedlichen Gründen für eine der beiden Parteien zu den Waffen griffen. So kämpften einige für die Briten, weil sie hofften, die Siedler von ihrem Land zu vertreiben, während es anderen vielmehr darum ging, ihre Versorgung zu gewährleisten. Ein anderes Motiv konnte darin liegen, dass ein verfeindeter Stamm auf der gegnerischen Seite kämpfte und man es darauf anlegte, im Zuge des vielschichtigen Konflikts auch alte Fehden auszufechten, wie etwa zwischen den *Oneida* und den *Shawnees*.

Moderate Anführer wie der *Delaware*-Chief Koquethagecton, genannt *White Eyes*, verloren ihren Einfluss, und bald zog sich der tiefe Graben zwischen Gegnern und Befürwortern der Revolution ebenso durch die indianischen Nationen wie durch die gesamten Kolonien. Selbst die starke *Irokesen*-Föderation fiel einer zunehmenden Zerrüttung zum Opfer, obgleich sie bei früheren Konflikten durch Neutralität und Einheit ihre Stellung immer hatte behaupten können.

Der prominenteste Anführer indianischer Truppen war Thayendanegea alias **Joseph Brant**, der auf Seiten der Briten eine wichtige Rolle im Guerillakrieg um New York spielte. Die **Aufgaben der indianischen Hilfstruppen** waren auf beiden Seiten des Konfliktes ähnlich: Als Kundschafter und Führer halfen sie, die Beschaffenheit der Umgebung und

Abb. 13: Joseph Brant

die landschaftlichen Gegebenheiten taktisch zu nutzen. Ihr Ruf als „unberechenbare Wilde" und ihre für weiße Soldaten ungewohnte Erscheinung und Kampfpraxis sollte einschüchtern, und so wurden sie oft vorweggeschickt, um den Feind regelrecht zu überrennen. Der Kampf an vorderster Linie bedeutete auch, dass sie besonders viele Opfer zu beklagen hatten. Wenn die indianischen Kampfeinheiten eingesetzt wurden, um die Zivilbevölkerung zu drangsalieren und so die Moral zu brechen, wurden oft unbeteiligte indianische Siedlungen in der Umgebung zum Ziel von Vergeltungsschlägen der lokalen Miliz.

Der **Friedensschluss** in Paris 1783 kam für viele Indianer, gerade auf Seiten der Briten, in mehrfacher Hinsicht unerwartet. Zum einen war aus ihrer Perspektive die britische Niederlage nach Yorktown keineswegs unausweichlich und endgültig. In den Monaten nach der Kapitulation von Cornwallis fanden zwar keine großen Schlachten zwischen Briten und Amerikanern mehr statt, die Scharmützel zwischen Rebellen und Loyalisten aber setzten sich ebenso fort wie die Kämpfe an der Siedlungsgrenze. Hier hatten die Indianer einige beachtliche Siege gegen die Amerikaner zu verzeichnen, so dass für sie der eilige Friedensschluss nicht nachvollziehbar schien und viele sich von Großbritannien im Stich gelassen fühlten. Abgesehen davon war keiner ihrer Vertreter zu den Verhandlungen gebeten worden. Als bekannt wurde, dass der Vertrag von Paris das gesamte Gebiet östlich des Mississippi uneingeschränkt den Kolonisten zusprach, machten sich bittere Wut und Enttäuschung breit.

In ihrem **Umgang mit den indianischen Nachbarn** beging die junge amerikanische Nation zunächst den gleichen Fehler wie Großbritannien nach dem Ende des *French-and-Indian War*. Erfüllt von ihrer neu gewonnenen Souveränität und Machtposition auf dem Kontinent schickten sich die Amerikaner an, ihren Gebietsanspruch rücksichtslos durchzusetzen. Sie gerierten sich als großzügige Sieger, die den Indianern Teile „ihres" Landes überließen. Wie die Briten vor ihnen mussten sie jedoch schnell erkennen, dass dieses Verhalten nicht durchzuhalten war. Die Indianervölker – zum Teil noch mit heimlicher Unterstützung oder doch zumindest Ermutigung durch die Engländer und Spanier – leisteten erfolgreichen Widerstand.

In den späten 1780er Jahren begannen Männer wie Kriegsminister Henry Knox dafür zu plädieren, die Indianer für ihr Land zu bezahlen, und zwar nicht nur in Geld und Waren, sondern ihnen als Gegenleistung auch Schulbücher, Luxusgüter und Werkzeuge zur Verfügung zu stellen, um ihnen die Anpassung an die westliche Lebensweise zu ermöglichen – bzw. diese indirekt zu erzwingen. So, glaubte man, werde eine Versöhnung möglich. Die neue Herangehensweise, die viele Befürworter fand und sich rasch durchsetzte, bedeutete jedoch nur eine oberflächliche Veränderung des Verhältnisses. Der Drang der weißen Siedler ins Innere des Kontinents war ungebrochen und wurde durch einen anschwellenden Strom von Einwanderern nach der Staatsgründung weiter verstärkt. Darüber hinaus sah man das „frei verfügbare" Land im Westen als Möglichkeit, die desolate Finanzlage zu stabilisieren. Die staatliche Vergabe von Landstücken anstelle von Pensionen an die ehemaligen Soldaten der Kontinentalarmee war dabei nur ein Beispiel. Der Druck auf die Indianer, ihr Land zu verkaufen, wuchs, und nicht selten wurden sie von Spekulanten übervorteilt. Die Beschwerdeschreiben, mit denen sie die Aufmerksamkeit des Kongresses auf diese Missstände im Westen zu lenken hofften, blieben größtenteils ohne Folgen, denn der Kongress war darauf bedacht, das diffizile Verhältnis zu den Einzelstaaten nicht zu sehr zu belasten, und überließ gerade in dieser Angelegenheit den lokalen Regierungen zuweilen mehr Spielraum als ihnen offiziell zustand.

Während die Gründung des neuen Staates für die verschiedenen Siedlergruppen europäischer Herkunft einend wirkte, machte sich gleichzeitig immer stärkerer Rassismus breit, und andere Ethnien wurden dezidiert ausgeschlossen. Mit der politischen Souveränität der weißen Siedler entwickelte sich rasch eine **gesellschaftliche Dynamik**, die immer deutlicher erkennen ließ, dass diese die Ureinwohner – wie auch die Schwarzen – als minderwertig ansahen, obgleich die Indianernationen dem Gesetz nach als quasi-selbstständige, unabhängige Gemeinschaften galten. Außerdem wurde die negative Grundeinstellung gegenüber der indigenen Bevölkerung von der Erinnerung untermauert, dass viele von ihnen gegen die Revolution gekämpft hatten – kaum jemand fragte noch genau nach, welche Stämme auf welcher Seite gestanden hatten. Ständige Nachrichten über andauernde blutige Zusammenstöße an der Siedlungsgrenze verhärteten das **Feindbild**. Das angespannte und unsichere Verhältnis zu den Indianervölkern prägte die ersten Jahrzehnte der jungen Republik. Andrew Jackson, der erste Präsident der selbst von der Siedlungsgrenze stammte, beschloss in den 1830er Jahren unter Missachtung aller mühsam behaupteten und ausgehandelten Rechte die gewaltsame Verpflanzung aller östlichen Stämme nach Westen – auch derer, die sich angepasst und assimiliert hatten. Mit diesem *Indian Removal Act* [Indianer-Ausweisungs-Gesetz] verloren die indigenen Völker jeden Anspruch auf ihr angestammtes Land.

Anhang

Biographien

John Adams (1735–1826), einer der wichtigsten Anführer der Unabhängigkeitsbewegung, war der Sohn eines puritanischen Geistlichen aus Massachusetts. Nach seinem Studium am Harvard College war er als Jurist tätig. Während der frühen Proteste gegen die britische Krone war für ihn besonders die Wahrung von Legitimität wichtig. Als Delegierter im Ersten und vor allem im Zweiten Kontinentalkongress trug er mit seinen rechtstheoretischen Ausführungen zur Unabhängigkeit beachtlich dazu bei, die Skeptiker unter seinen Kollegen davon zu überzeugen, sich endgültig vom Mutterland loszusagen. Nach der Staatsgründung war er der erste US-Gesandte am englischen Hof, Vizepräsident unter George Washington sowie dessen Nachfolger und damit zweiter Präsident der USA. Eine entscheidende Rolle in seinen politischen Entscheidungen spielte seine Frau **Abigail Adams** (1744–1818), deren Rat er sehr schätzte.

Samuel Adams (1722–1803) war der Cousin von John Adams und gilt als der radikalere der beiden. Er engagierte sich schon vor den Steuerunruhen in der lokalen Politik Bostons und gelangte im Zuge der Ereignisse während der 1760er und 70er Jahre in führende Positionen in der Stadtversammlung von Boston, bei den *Sons of Liberty*, aber auch als Delegierter in beiden Kontinentalkongressen. Nach Ende des Krieges blieb er im politischen Leben von Massachusetts weiterhin präsent und wurde 1793 als Nachfolger John Hancocks zum Gouverneur gewählt.

Benedict Arnold (1741–1801) ist der bekannteste Verräter der amerikanischen Geschichte. Er wurde in eine Kaufmannsfamilie in Connecticut geboren, die durch die Trunksucht des Vaters ihre soziale und finanzielle Stellung verlor. In den 1760er Jahren war er aktiv in die Protestbewegungen gegen die Steuergesetze involviert und spielte unter anderem eine führende Rolle bei den *Sons of Liberty* in New Haven. Seine militärischen Verdienste in der Miliz von Connecticut verhalfen ihm zu einem Kommando in der Nordsektion der Kontinentalarmee. Nach persönlichen Auseinandersetzungen und Disputen über strategische Entscheidungen überwarf er sich mit seinem Vorgesetzten Horatio Gates, so dass dieser ihm nach der Schlacht von Saratoga jegliche Verantwortung entzog. In den folgenden Monaten fühlte sich Arnold wiederholt bei der Besetzung prominenter Positionen übergangen und nahm erstmals Kontakt zu den Briten auf. Er spielte ihnen über ein Jahr lang Informationen zu, bis er 1780 endgültig überlief. Bis Kriegsende kämpfte er auf der Gegenseite und ließ sich danach mit einer Pension der britischen Armee in London nieder.

John Burgoyne (1723–1792) entschied sich wie sein Vater für eine militärische Karriere in der britischen Armee. Schon in jungen Jahren erwarb sich Burgoyne, der neben seinem Leben als Soldat Theaterstücke schrieb, Respekt für seine militärischen Erfolge, vor allem im Siebenjährigen Krieg, aber auch als Befehlshaber für seine aufgeklärten Vorstellungen von Disziplin. Als Abgeordneter im Parlament stimmte er gegen die Rücknahme der Stempelgesetze. Kurz nach Ausbruch des Unabhängigkeitskriegs segelte er in die Kolonien, mit der Absicht den Aufstand schnell niederzuwerfen, wurde jedoch 1777 bei Saratoga vernichtend geschlagen. Er kehrte nach England zurück, wo er zunächst wieder im Parlament saß, bis er 1782 als Oberbefehlshaber nach Irland abkommandiert wurde.

Sir Henry Clinton (1730–1795) war der Sohn des britischen Gouverneurs von Neufundland. Bevor er für seine militärische Karriere nach England ging, lebte er eine Weile in New York und diente dort auch in der lokalen Miliz. Während des Siebenjährigen Kriegs allerdings kämpfte er mit der britischen Armee in Europa, und seine Erfolge verhalfen ihm zu einem raschen Aufstieg. Im Unabhängigkeitskrieg war er von Anfang an einer der führenden Generäle und übernahm 1778 sogar das Oberkommando. Er sicherte New York und erlangte erste strategische Siege im Süden. Als der Fall Yorktowns den Krieg zugunsten der Gegenseite beendete, legte Clinton seinen Befehl nieder und kehrte nach England zurück. Sein Ruf hatte durch die Niederlage herben Schaden genommen. Die folgenden Jahre verbrachte er vorwiegend als Privatmann. Kurz vor seinem Tod 1794 wurde er zum Gouverneur von Gibraltar ernannt, konnte den Posten jedoch nicht mehr antreten.

Charles Cornwallis (1738–1805) stammte aus einer renommierten englischen Adelsfamilie. Er wurde in Eton ausgebildet, ging dann an die Militärakademie von Turin und diente im Siebenjährigen Krieg. 1762 beerbte er seinen Vater; als dritter Earl Cornwallis hatte er eine prominente Stellung im Parlament und bei Hof. 1775, gerade zum Generalmajor befördert, wurde er nach Amerika versetzt, wo er einen entscheidenden Anteil an den anfänglichen militärischen Erfolgen der Briten hatte. Später war er die treibende Kraft hinter der *Southern Strategy* ab 1777, die letztlich zur Niederlage bei Yorktown führte. Es war jedoch Clinton, der dafür verantwortlich gemacht wurde, und so konnte Cornwallis seinen Ruf bewahren und erhielt bereits 1786 die prestigereiche Position des britischen Gouverneurs in Indien.

John Dickinson (1732–1808) wurde auf einer Plantage in Maryland geboren. Seiner Familie gehörten große Teile Delawares. Dort begann er seine politische Karriere, aber ab 1762 hatte er eine prominente Stellung in der Lokalversammlung von Pennsylvania inne, wo er sich mit Benjamin Franklin überwarf. Während der Steuerunruhen spielte Dickinson mit seinen Publikationen eine wichtige Rolle als Wortführer gegen die Krone. Im Ersten und vor allem im Zweiten Kontinentalkongress allerdings führte er die moderateste Gruppierung an, die bis zum Schluss für eine Aussöhnung mit dem Mutterland plädierte. Nach der Unabhängigkeit zog er sich nach Delaware zurück und wurde erst nach dem Krieg wieder politisch aktiv, besonders in der Verfassungsgebenden Versammlung.

Benjamin Franklin (1706–1790) wurde in die kinderreiche Familie eines Bostoner Kerzenmachers geboren. Nach seiner Schulausbildung ging er in der Druckerei seines älteren Bruders in die Lehre, überwarf sich aber schon bald mit ihm und zog 1723 nach Philadelphia, um dort eine eigene Werkstatt zu eröffnen. Auf den Rat des Gouverneurs von Pennsylvania reiste er zum Kauf einer Druckerpresse nach London, wo er einige Jahre arbeitete, bevor er 1727 nach Philadelphia zurückkehrte und begann, intensiv am intellektuellen und politischen Leben teilzunehmen. Er gab mehrere Zeitungen heraus, experimentierte mit Elektrizität und publizierte zu einer Vielzahl von Themen: von Religion und Philosophie bis hin zu Ökonomie und Politik. Sein florierendes Geschäft ermöglichte ihm einen beachtlichen sozialen Aufstieg, und ab den 1740er Jahren wurde er in immer mehr öffentliche Ämter gewählt. Während des *French and-Indian War* setzte er sich für die Einheit unter den Kolonien ein und entwarf zusammen mit Thomas Hutchinson einen entsprechenden Plan. Als Gesandter verbrachte er viele Jahre in Europa, erstmals zwischen 1757 und 1762 im Auftrag der Lokalversammlung von Pennsylvania.

Später vertrat er den Kontinentalkongress am französischen Hof. Als ältestem Mitglied des Kontinentalkongresses wurde ihm eine gewisse Sonderrolle zugestanden, in der er sich auch zu inszenieren wusste. Er ist der einzige der sogenannten *Founding Fathers*, der alle drei Eckdokumente der Revolution unterzeichnete: die Unabhängigkeitserklärung, den Friedensvertrag von Paris und die neue Verfassung der USA.

Thomas Gage (1719/20–1787) wurde als Sohn katholischer Eltern in Gloucestershire geboren, sein Vater konvertierte zum anglikanischen Glauben, um ins Parlament gewählt zu werden. Nach der Schule begann Gage eine militärische Laufbahn, deren erste große Bewährungsprobe der Krieg gegen die schottischen Clans bei der Schlacht von Cullodon war. Knapp zehn Jahre später brachte ihn der *French-and-Indian War* nach Amerika. 1761 wurde er Gouverneur von Montreal, aber die Grenzunruhen und vor allem die Konflikte mit den Indianern verlangten eine Fortführung seiner militärischen Aufgaben. 1763 wurde er zum Oberbefehlshaber in den amerikanischen Kolonien ernannt. Als sich die Unruhen in den folgenden Jahren ausbreiteten, wurde er zum Militärgouverneur von Massachusetts ernannt, um die Situation nach der *Boston Tea Party* unter Kontrolle zu bringen. Sein Befehl im April 1775, das Waffenlager von Concord zu räumen, eröffnete den Unabhängigkeitskrieg. Damit verlor er nicht nur die letzten Sympathien in Amerika – auch die seiner Frau – sondern gleichzeitig das Vertrauen der britischen Regierung. Er kehrte nach England zurück, umgab sich mit exilierten Loyalisten aus Amerika und lebte von seiner Pension.

George Grenville (1712–1770), zeitgenössische Schreibweise auch „Greenville", war der Sohn eines Großgrundbesitzers und Parlamentsabgeordneten in Buckinghamshire. Seine Ausbildung erhielt er in Eton und Oxford, bevor er 1735 als Anwalt zugelassen wurde. Sechs Jahre später erfolgte seine erstmalige Wahl ins Parlament. In den folgenden Jahren übernahm er mehrere Ämter, geriet aber auch mit vielen seiner Kollegen in Konflikt. Auch seine Ernennung zum Premierminister 1763 erzeugte Missgunst. Vor allem seine agitierende Steuerpolitik gegenüber den amerikanischen Kolonien ist bis heute in Erinnerung geblieben. Schon davor hatte er sich in diplomatischen Angelegenheiten ungeschickt verhalten, und noch bevor die Reaktionen aus Amerika bekannt wurden, entließ der König Grenville. Die letzten fünf Jahre seines Lebens verbrachte er als ein wortgewaltiger und aktiver Vertreter der politischen Opposition.

Alexander Hamilton (1757–1804) wurde auf den westindischen Inseln geboren. Mit elf Jahren verwaist, begann er eine Lehre im Überseehandel und erwies sich als geschickter Kaufmann. Anfang der 1770er Jahre, als die politischen Unruhen sich auszuweiten begannen, studierte er am King's College in New York, einem Zentrum der revolutionären Bewegung. Er beteiligte sich intensiv an den Straßenprotesten und meldete sich dann zur Kontinentalarmee, wo er zügig aufstieg und zu einem der wichtigsten Vertrauten Washingtons wurde. Nach der Demobilisierung vertrat er New York im Kongress und spielte eine entscheidende Rolle in den Bemühungen um mehr Autorität für die Zentralgewalt, was in der Forderung nach einer neuen Verfassung gipfelte. Im Verfassungskonvent blieb er im Hintergrund, war aber eine treibende Kraft im Ratifikationsprozess. Zusammen mit James Madison und John Jay veröffentlichte er die *Federalist Papers*, die maßgeblich zur Durchsetzung der neuen Verfassung beitrugen.

John Hancock (1737–1793) wuchs bei seinem Onkel, einem gut situierten Bostoner Kaufmann, auf, dessen Geschäft er 1764 übernahm. Hancock protestierte gegen die Steuergesetze, nicht zuletzt weil sie ihm wirtschaftlich selbst schadeten, und wurde früh in der Widerstandsbewegung gegen Großbritannien aktiv. Zunächst erlangte er Popularität als Vertreter in verschiedenen Gremien in Boston und dann als Präsident des Zweiten Kontinentalkongresses. Damit war er der erste, der seinen Namen unter die Unabhängigkeitserklärung setzte. Nach der Konstituierung des Staates Massachusetts war er dort der erste Gouverneur.

Patrick Henry (1736–1799) entstammte der Pflanzeraristokratie Virginias. Er schaffte es, mit autodidaktisch erworbenen juristischen Kenntnissen als Anwalt zugelassen zu werden, und eröffnete 1762 eine sehr erfolgreiche Kanzlei. Kurz darauf wurde er auch politisch aktiv und machte besonders durch sein rhetorisches Geschick von sich reden, zunächst in der Lokalversammlung von Virginia und dann im Ersten und im Zweiten Kontinentalkongress. Nachdem seine Arbeit dort beendet war, zog er sich in seinen Heimatstaat zurück, blieb aber einer der aktivsten Politiker auf lokaler Ebene und wurde schließlich sogar Gouverneur. Er war zunächst ein erbitterter Gegner der Verfassung und hätte beinahe den Ratifikationsprozess in Virginia blockiert. Später allerdings wandelte sich seine politische Einstellung, und als sich ein Großteil der einstigen Verfassungsgegner in der politischen Gruppierung um Tho-

mas Jefferson sammelte, distanzierte Henry sich von diesen – nicht zuletzt auf Grund persönlicher Animositäten gegen Jefferson.

William und Richard Howe (1729–1814 und 1726–1799) wurden in
London geboren. Ihr Vater war Parlamentsabgeordneter, ihre Mutter
mit dem Königshaus verwandt. Nach der schulischen Ausbildung in
Eton begannen die Brüder ihre militärischen Karrieren, Richard bei der
Marine und William in der Armee. Die guten Verbindungen ihres El-
ternhauses sowie Engagement und Begabung verhalfen beiden zu einem raschen Aufstieg. Beide dienten mit Auszeichnung im Siebenjährigen Krieg. Vor allem William, der auch einen Sitz im Parlament hatte,
äußerte sich während der 1760er Jahre immer wieder zu Gunsten der
Kolonisten. Mit Ausbruch des Krieges wurde er als Nachfolger von Thomas Gage zum Oberbefehlshaber in Amerika ernannt. Gleichzeitig
übernahm sein Bruder Richard das Kommando über die Flotte im westlichen Atlantik. Beide hatten Anweisungen, die Amerikaner zum Einlenken zu bewegen und Friedensverhandlungen zu erwirken, so dass sie
anfangs militärisch eher zurückhaltend und defensiv agierten. Möglicherweise deshalb versäumte es William bei der Schlacht von New Jersey, den klaren Vorteil der Briten auszunutzen, und ließ Washington
entkommen. Trotz der erfolgreichen Einnahme von Philadelphia zog er
die Konsequenz und trat angesichts wachsender Kritik zurück. Wieder
in England blieb er zwar weiterhin in der Armee, exponierte sich jedoch
kaum noch. Sein Bruder Richard blieb als Marineadmiral bis 1778 in
Amerika. Nach der ersten großen Schlacht gegen die französische Flotte
kehrte er für einige Jahre nach England zurück und beteiligte sich aktiv
an der Politik. Als sich aber der Konflikt mit Frankreich intensivierte,
wurde er zum Lord Admiral berufen und befehligte die britische Flotte
bei mehreren strategisch wichtigen Siegen, besonders in der Karibik.
„Black Dick", wie er auf Grund seines wettergegerbten Gesichts genannt
wurde, hatte beachtlichen Einfluss in der Marine. Noch 1797, nachdem
er sich bereits ins Privatleben zurückgezogen hatte, konnte sein Eingreifen eine gefährliche Meuterei entschärfen.

Thomas Hutchinson (1711–1780) wurde in eine gut situierte Kaufmannsfamilie in Boston geboren. Er studierte am Harvard College und
trat überzeugt für die Rechte seiner Heimatkolonie im Britischen Empire
ein, etwa nach dem *French-and-Indian War*, als er zusammen mit Benjamin Franklin erstmals den Plan für eine koloniale Union entwarf. Trotzdem entschied er sich im Zuge der Unabhängigkeitsbewegung, loyal

gegenüber der englischen Krone zu bleiben. 1769 wurde er königlicher Gouverneur von Massachusetts. Wegen der aufgebrachten Reaktionen auf die *Boston Tea Party* 1773 nach London abberufen, blieb er im Exil und veröffentlichte von dort aus unter anderem einen Widerspruch zur Unabhängigkeitserklärung.

Thomas Jefferson (1743–1826) erbte 1757 das große Familienanwesen in Virginia und auch die Sklaven, die es bewirtschafteten. Er war sehr darauf bedacht, sich eine umfassende klassische Bildung anzueignen, verließ jedoch seinen Heimatstaat Virginia zunächst nicht. Nach dem Studium am William und Mary College erhielt er 1767 seine Zulassung als Anwalt. Zwei Jahre darauf wurde er in die Lokalversammlung von Virginia gewählt, womit seine intensive, lebenslange politische Tätigkeit begann. In den folgenden Jahren machte er besonders durch seine Publikationen von sich reden. 1775 mit der Wahl in den Zweiten Kontinentalkongress wurde er auch auf überstaatlicher Ebene aktiv. Eine seiner ersten Aufgaben war der Entwurf der Unabhängigkeitserklärung. Noch während des Unabhängigkeitskriegs kehrte er nach Virginia zurück und wurde dort 1779 zum Gouverneur gewählt, doch als Cornwallis den Staat überrannte, musste er fliehen. Nach dem Ende des Krieges verbrachte er fünf Jahre als Gesandter in Frankreich und wurde dann ab 1790 Staatssekretär unter Washington. Allerdings entzweite er sich immer mehr mit den anderen Mitgliedern des Kabinetts, vor allem mit Alexander Hamilton: Die Streitpunkte betrafen die Rechte der Einzelstaaten, die amerikanische Wirtschaftspolitik, aber auch das Verhalten Amerikas gegenüber den Franzosen angesichts der Französischen Revolution. Jefferson trat 1793 zurück und ließ sich in den Präsidentschaftswahlen 1796 gegen John Adams aufstellen, wurde jedoch nur Vizepräsident. Die Konflikte aber hielten an, bis er sich 1800 durchsetzte und in der neu entstehenden Hauptstadt Washington [D.C.] die erste seiner zwei Amtsperioden als dritter Präsident der USA antrat.

Marquis de Lafayette (1757–1834), mit vollem Namen Marie-Joseph-Paul-Yves-Roch-Gilbert du Motier de Lafayette, segelte im Alter von nur 19 Jahren mit dem expliziten Ziel nach Amerika, sich dort am Unabhängigkeitskrieg zu beteiligten. Er hoffte, sich auf dem Schlachtfeld im Dienste der Freiheit Ehre und Anerkennung erkämpfen zu können. Washington vertraute ihm unmittelbar nach seiner Ankunft ein Generalkommando an, und der junge französische Adelige erwies sich als dieses Vertrauens würdig. Nach einer Verletzung musste er vorübergehend nach Frankreich zurückkehren, kämpfte jedoch schon ein knappes Jahr später wieder bei der Entscheidungsschlacht von Yorktown. Im Rahmen der Französischen Revolution 1789 war er Delegierter der General-stände in Paris. Der zunehmenden Radikalisierung konnte er jedoch ebenso wenig zustimmen wie der darauf folgenden Regentschaft Napoleons. Mehrere Reisen führten ihn zurück in die USA, wo er jedes Mal mit großem Aufgebot empfangen und als Held gefeiert wurde. Lukrative Stellenangebote seiner Freunde dort schlug er jedoch aus. In seiner Heimat wurde er nach dem Fall Napoleons wieder politisch aktiv und trat für ein Regierungssystem nach dem Vorbild Amerikas ein.

James Madison (1751–1836) war der Sohn einer der reichsten Pflanzer-familien Virginias. Während der Aufstände gegen die Stempelgesetze studierte er noch am Princeton College. Nach seinem Abschluss kehrte er 1772 nach Virginia zurück, wurde kurz darauf zusammen mit seinem Vater in das lokale *Committee of Safety* gewählt und diente außerdem bei der Miliz vor Ort. Erst 1779 begann er über die Grenzen seines Heimatstaates hinaus bekannt zu werden. Als Delegierter im Kongress trug er maßgeblich zur Ratifikation der *Articles of Confederation* bei. Nach Kriegsende widmete er sich für eine Weile der Politik auf Staatenebene, von Anfang an spielte er eine entscheidende Rolle bei der Ausarbeitung der neuen Verfassung. Auch während der Ratifikationsdebatte tat er sich hervor, besonders als einer der Autoren der *Federalist Papers*. Später entwickelte sich jedoch eine nachhaltige Feindschaft zu Hamilton, dessen Finanzpolitik Madison sehr kritisch sah. Außerdem forderte Madison eine weitere Verfassungsreform, um eine Menschen- und Bürgerrechts-erklärung zu integrieren – so war er letztlich eine treibende Kraft hinter der Durchsetzung der *Bill of Rights*. Sein fortwährendes Engagement brachte ihm den Namen „Vater der Verfassung" ein. Unter Jefferson wurde er Staatssekretär und folgte ihm dann 1809, als vierter Präsident der USA, im Amt. Seine Zeit im Weißen Haus wurde jedoch vom *War of 1812* überschattet.

Frederick North (1732–1792) war der älteste Sohn einer einflussrei-chen englischen Adelsfamilie. Gleich nach Beendigung seiner Ausbil-dung in Eton und Oxford wurde er 1754 in dem Wahlkreis, der traditio-nell an seine Familie fiel, ins Parlament gewählt. Er zeigte sich politisch begabt und wusste als Regierungssprecher 1768–69 auch schwierige Si-tuationen zu handhaben. Trotzdem gilt er heute als ungeschickter Poli-tiker, da der Verlust der amerikanischen Kolonien in seine Amtszeit fiel.

1770 wurde er zum Premierminister ernannt und hatte dieses Amt durch den gesamten Konflikt bis zum Ende des Unabhängigkeitskrieges 1782 inne. Seine rigorose Vorgehensweise wurde zwar im Parlament immer wieder kritisiert, hatte aber die volle Unterstützung des Königs. Erst als die Schlacht von Yorktown die endgültige Niederlage Großbritanniens besiegelte, trat North zurück. Er blieb im Parlament, auch als sich sein Gesundheitszustand verschlechterte, und übernahm ein Jahr später als Innenminister erneut Regierungsaufgaben.

James Otis (1725–1783) aus Massachusetts hatte schon früh Interesse an Politik und öffentlichen Ämtern. Nach dem Jurastudium ließ er sich in Boston nieder, wo er bereits gute Verbindungen zur lokalen Regierung und wichtigen Gremien pflegte – nicht zuletzt dank der prominenten Stellung seines Vaters. Otis war einer der ersten, die gegen die neue Gesetzgebung Großbritanniens argumentierten. Während der 1760er Jahre gehörte er zu den führenden Stimmen der Widerstandsbewegung. Jedoch noch bevor die Krise 1773 eskalierte, war Otis durch eine fortschreitende Geisteskrankheit gezwungen, sich aus dem politischen und sozialen Leben zurückzuziehen.

Thomas Paine (1737–1809) war einer von vielen Auswanderern, die nach persönlichem und beruflichem Scheitern auf einen Neuanfang in den Kolonien hofften. Mit einem Empfehlungsschreiben von Benjamin Franklin schiffte Paine sich 1774 nach Philadelphia ein, wo er seinen Lebensunterhalt mit Beiträgen in Zeitungen und anderen kleineren Publikationen bestreiten konnte. 1776 erschien *Common Sense*, Paines bekannteste und einflussreichste Schrift. Während des Krieges kämpfte er in der Kontinentalarmee und publizierte weiter Pamphlete. Nach der Staatsgründung widmete er sich in seinen Schriften mehr und mehr philosophisch-moralischen Fragen der Aufklärung, und machte sich damit einige Feinde. Er reiste 1792 nach Europa und erlebte die Französische Revolution in Paris. 1802 kehrte er auf Einladung Jeffersons als Privatmann in die USA zurück. Sein Beitrag zur Unabhängigkeit blieb lange vergessen und wurde erst lange nach seinem Tod wiederentdeckt.

William Pitt, der Ältere (1708–1778), später Lord Chatham, wurde in einem bürgerlichen Elternhaus Südenglands geboren, was er im Laufe seiner politischen Karriere immer wieder betonte. Gerne ließ er sich „*the Great Commoner*" nennen. Später erhob ihn aber der König in den Adelsstand. Er wurde in Eton erzogen und studierte in Oxford, danach diente er kurz im Militär, bevor er sich 1731 für eine politische Karriere entschied. Trotz seiner beachtlichen rhetorischen Begabung konnte er zunächst kaum an Einfluss gewinnen, weil ihm König Georg II. nicht gewogen war. Erst mit Beginn des Siebenjährigen Krieges konnte Pitt sich beweisen. Seine strategischen Entscheidungen während dieser Zeit verhalfen ihm zu einer weitreichenden Popularität im Land und auch in den Kolonien. Gerade die Amerikaner schätzten ihn, da er sich im Parlament immer wieder auf ihre Seite stellte und vehement gegen die Steuergesetzgebung seines Schwagers Grenville argumentierte. 1766 wurde er Premierminister, erkrankte aber im Jahr darauf schwer und musste sich 1768 aus dem Amt zurückziehen. In den folgenden zehn Jahren war seine politische Aktivität immer wieder von langen Krankheitsphasen unterbrochen. Er beharrte darauf, dass die Steuergesetzgebung gegenüber den Kolonien verfassungswidrig sei, sprach sich aber ebenso entschieden gegen eine amerikanische Unabhängigkeit aus. 1778 brach er während einer Rede im Parlament zusammen und starb einen knappen Monat später.

Paul Revere (1734–1818) stammte aus einer Handwerkerfamilie. Sein Vater, ein Silberschmied, war aus Frankreich in die Kolonien gekommen und hatte sich in Boston niedergelassen. Bei ihm ging Revere in die Lehre, wechselte dann jedoch in die Armee und kämpfte während des *French-and-Indian War* in Kanada. In den 1760er und 70er Jahren stellte er sein handwerkliches Können in den Dienst der Widerstandsbewegung und fertigte vor allem Kupferstiche zu Propagandazwecken. Revere war in verschiedenen politischen Gruppen aktiv, vor allem bei den *Sons of Liberty*. Seine Biographie ist exemplarisch für viele der heute unbekannten Mitglieder dieser Organisationen, die entscheidenden Anteil an der Unabhängigkeitsbewegung hatten. Seine Berühmtheit verdankt Paul Revere dem Dichter Henry Wadsworth Longfellow, der ihn fast fünfzig Jahre nach Reveres Tod in einer Ballade zur Legende machte.

Friedrich Wilhelm von Steuben (1730–1794) wurde in Preußen geboren. Sein Vater diente in der Armee Friedrich des Großen und achtete darauf, dass auch sein Sohn diese Schule durchlief. Trotz einer durchaus beachtlichen Karriere verlor Steuben nach dem Ende des Siebenjährigen Krieges, als es zu drastischen Kürzungen im preußischen Heer kam, seine militärische Position. Er erlangte den Titel eines Barons und fand vorübergehend Anstellung bei der schwäbischen Linie der Hohenzollern. Obgleich er kaum über Englischkenntnisse verfügte, konnte er

1777 Franklin in Paris überzeugen, ihn für die Kontinentalarmee vorzuschlagen. Mit seinen Erfahrungen aus dem preußischen Militär, besonders was Ausbildung und Disziplin betraf, trug er entschieden zur Professionalisierung der amerikanischen Truppen bei, vor allem während des Winterlagers in Valley Forge. Nach dem Ende des Krieges und der Auflösung der Armee blieb Steuben in Amerika. Zunächst beteiligte er sich noch an Plänen für ein amerikanisches Heer, zog sich jedoch schon bald ins Privatleben zurück.

Charles Townshend (1725–1767) entstammte dem englischen Adel. Ausgebildet in Eton und Cambridge, studierte er anschließend Jura in Leiden. 1747 kehrte er nach England zurück, wurde als Anwalt zugelassen und im selben Jahr ins Parlament gewählt. Er unterstützte zunächst Pitt den Älteren und dann die *Whigs*, aber es fiel ihm schwer sich zu etablieren. Erst nach Pitts Rückkehr in die Regierung 1766 verhalf ihm seine Loyalität zur Position des Schatzmeisters, in der er die strengen Steuergesetze für die amerikanischen Kolonien durchsetzte, die später seinen Namen tragen sollten: die *Townshend Duties*. Auf dem Höhepunkt seiner Macht, noch bevor seine Maßnahmen umgesetzt werden konnten, starb Townshend unerwartet im Alter von nur 42 Jahren an Typhus.

George Washington (1732–1799) war der Sohn einer gut situierten Pflanzerfamilie in Virginia. Als Zweitgeborener strebte er schon früh eine militärische Karriere an. Aufgrund seiner nur achtjährigen formalen Schulausbildung war er sehr darauf bedacht, sich fortwährend selbst weiterzubilden. Am Vorabend des *French-and-Indian War* war er bereits Adjutant für den südlichen Militärdistrikt. Nach einigen anfänglichen Schwierigkeiten diente er in den folgenden Jahren mit Auszeichnung und erlangte eine beachtliche Reputation. Die Steuergesetze der 1760er Jahre hielt er zwar für unrechtmäßig, wurde aber zunächst nicht dagegen aktiv. Erst mit seiner Wahl in den ersten Kontinentalkongress 1774 begann seine politische Karriere. Sein militärisches Renommee verhalf ihm von Anfang an zu einer Sonderstellung, so dass sich bei der Wahl eines Befehlshabers für die amerikanischen Truppen der Kongress fast selbstverständlich für ihn entschied. Er führte die Kontinentalarmee mit Erfolg und galt als bedachter Stratege. Auf diese Weise sicherte er sich den Respekt und die Bewunderung von Militär, Kongress und selbst der Zivilbevölkerung. Nach der Ratifikation der neuen Verfassung erfolgte 1789 die Wahl des „Vaters der Nation" zum ersten Präsidenten.

Nach zwei Amtszeiten, in denen sich die Anfangsprobleme der jungen Nation in ihrem vollen Ausmaß zeigten, weigerte er sich, erneut anzutreten, und zog sich 1796 auf seinen Landsitz Mount Vernon zurück, wo er drei Jahre später starb.

Ausgewählte Literatur

Überblickswerke

Brown, Richard und **Thomas Paterson** (Hrsg.). Major Problems in the Era of the American Revolution 1760–1791. Boston: Haughton Mifflin, 2000.

Cogliano, Francis D. Revolutionary America, 1763–1815. A Political History. New York: Routledge, [2]2009.

Dippel, Horst. Die Amerikanische Revolution 1763–1787. Frankfurt am Main: Suhrkamp, 1985.

Greene, Jack P. und **J. R. Pole** (Hrsg.). A Companion to the American Revolution. Malden: Blackwell, 2000.

Hall, Kermit und **Thomas Paterson** (Hrsg.). Major Problems in American Constitutional History Vol. I. Lexington: Heath, 1992.

Wellenreuther, Hermann. Von Chaos und Krieg zu Ordnung und Frieden. Der Amerikanischen Revolution erster Teil, 1775–1783. Münster: Lit, 2006.

Detailreiche Narrative

Cook, Donn. The Long Fuse. How England Lost the American Colonies. New York: Atlantic Monthly, 1995.

Ferling, John E. A Leap in the Dark. The Struggle to Create the American Republic. Oxford: Oxford University Press, 2003.

McCullough, David G. 1776. America and Britain at War. London: Penguin Books, 2005.

Middlekauff, Robert. The Glorious Cause. The American Revolution 1763–1789. Oxford: Oxford University Press, 2005.

Nash, Gary B. The Unknown American Revolution. The Unruly Birth of Democracy and the Struggle to Create America. New York: Viking Penguin, 2005.

Ideen der Revolution und Verfassung

Bailyn, Bernard. The Ideological Origins of the American Revolution. Cambridge: Belknap Press, 1992.

Cornell, Saul. The Other Founders. Anti-Federalism & the Dissenting Tradition in America 1788–1828. Chapel Hill: University of North Carolina Press, 1999.

Countryman, Edward (Hrsg.). What Did the Constitution Mean to Early Americans? Boston: Bedford / St. Martin's, 1999.

Gibson, Alan R. Interpreting the Founding. Guide to the Enduring Debate over the Origins and Foundations of the American Republic. Lawrence: University Press of Kansas, 2006.

Howard, Dick. Die Grundlegung der amerikanischen Demokratie. Frankfurt am Main: Suhrkamp, 2000.

Maier, Pauline. American Scripture. Making the Declaration of Independence. New York: Vintage, 1998.

Wills, Gerry (Hrsg.). The Federalist Papers by Alexander Hamilton, John Jay and James Madison. New York: Bantam, 1982.

Sozialgeschichte der Revolution

Berkin, Carol. Revolutionary Mothers. Women in the Struggle for American Independence. New York: Vintage, 2005.

Breen, Timothy. Tobacco Culture. The Mentality of the Great Tidewater Planters on the Eve of the Revolution. Princeton: Princeton University Press, 1985.

Breen, Timothy. The Marketplace of Revolution. Oxford: Oxford University Press, 2004.

Butler, Jon. Becoming America. The Revolution before 1776. Cambridge: Harvard University Press, 2001.

Calloway, Colin G. The American Revolution in Indian Country. Crisis and Diversity in Native American Communities. Cambridge: Cambridge University Press, 1995.

Dann, John C. (Hrsg.), The Revolution Remembered: Eyewitness Accounts of the War for Independence. Chicago: University of Chicago Press, 1980.

Davis, David Brion. The Problem of Slavery in the Age of the Revolution. Ithaca: Cornell University Press, 1975.

Frey, Sylvia. Water from the Rock. Black Resistance in a Revolutionary Age. Princeton: Princeton University Press, 1991.

Gould, Eliga. The Persistence of Empire. British Political Culture in the Age of the American Revolution. Chapel Hill: University of North Carolina, 2000.

Hendrickson, David. Peace Pact. The Lost World of the American Founders. Lawrence: University Press of Kansas, 2003.

Hogan, Margaret (Hrsg.). My Dearest Friend. Letters of Abigail and John Adams. Cambridge: Belknap Press, 2007.

Horton, James O. und **Lois E. Horton.** Slavery and the Making of America. Oxford: Oxford University Press, 2005.

Norton, Mary Beth. Liberty's Daughters. The Revolutionary Experience of American Women, 1750–1800. Ithaca: Cornell University Press, 1996.

Resch, John, Walter Sargent und **John Shy.** War & Society in the American Revolution. Mobilization and Home Fronts. DeKalb: Northern Illinois University Press, 2007.

Shaw, Peter. American Patriots and the Rituals of Revolution. Cambridge: Harvard University Press, 1981.

Stuart, Nancy Rubin. The Muse of the Revolution. The Secret Pen of Mercy Otis Warren and the Founding of a Nation. Boston: Beacon Press, 2006.

Wood, Gordon. The Radicalism of the American Revolution. New York: Random House, 1991.

Young, Alfred. The Shoemaker and the Tea Party. Boston: Beacon Press, 1999.

Internetressourcen

Library of Congress Digital Collection
http://www.loc.gov/topics/content.php?subcat=5
→ *Überblickstexte, Themenverknüpfungen sowie Illustrationen aus der Sammlung der Library of Congress*

US National Archives
http://www.archives.gov
→ *Einführungen und biographische Informationen z. B. zu den Unterzeichnern der Unabhängigkeitserklärung sowie Material zur Militärgeschichte. Digitalisierte Version der Schlüsseldokumente zum download*

National Park Service
http://www.nps.gov/revwar/index.html
→ *Chronologien und Überblickstexte, weiterführende Artikel, Illustrationen und Informationen zu den Originalschauplätzen*

Register

Abbildungsverzeichnis

Abb. 1: Proteste gegen die Steuergesetze (1774)
„The Bostons paying the excise-man or tarring & feathering"
Library of Congress Prints and Photographs Division LC-USZ62-1308

Abb. 2: „The Boston Massacre", Stich von Paul Revere (1770)
„The bloody massacre perpetrated in King Street Boston on March 5th 1770"
Library of Congress Prints and Photographs Division LC-USZC4-4600

Abb. 3: Die Unterzeichnung der Unabhängigkeitserklärung, Gemälde von John Trumbull (1795)
„Declaration of Independence, July 4th, 1776"
Wandgemälde in der Rotunde des Capitols in Washington DC

Abb. 4: Die Schlacht bei Bunker Hill (1796)
„View of the attack on Bunker's Hill, with the burning of Charles Town, June 17, 1775"
Library of Congress Prints and Photographs Division LC-USZ62-8624

Abb. 5: Die erste deutsche Übersetzung der Unabhängigkeitserklärung
Der Wöchentliche Pennsylvanische Staatsbote Nr. 813 (9. Juli 1776)

Abb. 6: Washington überquert den Delaware, Gemälde von Emanuel Leutze (1851)
„Washington crossing the Delaware"
The Metropolitan Museum of Art

Abb. 7: Burgoyne kapituliert bei Saratoga, Gemälde von John Trumbull (1822)
„Surrender of General Burgoyne at Saratoga"
Wandgemälde in der Rotunde des Capitols in Washington DC

Abb. 8: Unvollendetes Gemälde der Friedensverhandlungen in Paris (1783)
„Treaty of Paris" von Benjamin West

Abb. 9: George Washington legt seinen Oberbefehl nieder, Gemälde von John Trumbull (1817)
„General George Washington Resigning his Commission"
Gemälde in der Rotunde des Capitols in Washington DC

Abb. 10: James Madison, Pendleton's Lithography (1828)
Library of Congress Prints and Photographs Division LC-USZ62-13004

Abb. 11: Suchanzeigen für einen entflohenen Sklavenjungen
The New-York Gazette Nr. 1472 (3. Januar 1780)

Abb. 12: Abigail Adams (1830)
„Abigail Adams from an original painting by Gilbert Stuart" (Johnson, Wilson & Co. Publishers 1830–1860)
Library of Congress Prints and Photographs Division LC-USZ62-10016

Abb. 13: Joseph Brant (1776)
„Joseph Thayendaneken the Mohawk Chief "
Library of Congress Rare Book and Special Collections Division LC-USZ62-45500